選りすぐりを１冊に
授業力＆学級経営力
selection

あなたの「したい！」を叶える

教師の仕事術事典

『授業力＆学級経営力』
編集部
編

本書は，『授業力＆学級経営力』2020年10月号，
2022年１月号を増補，再編集して作成しています。

明治図書

もくじ

原理原則

教材研究

授業準備

成績処理

コミュニケーション

ICT活用

スケジュール

整理整頓

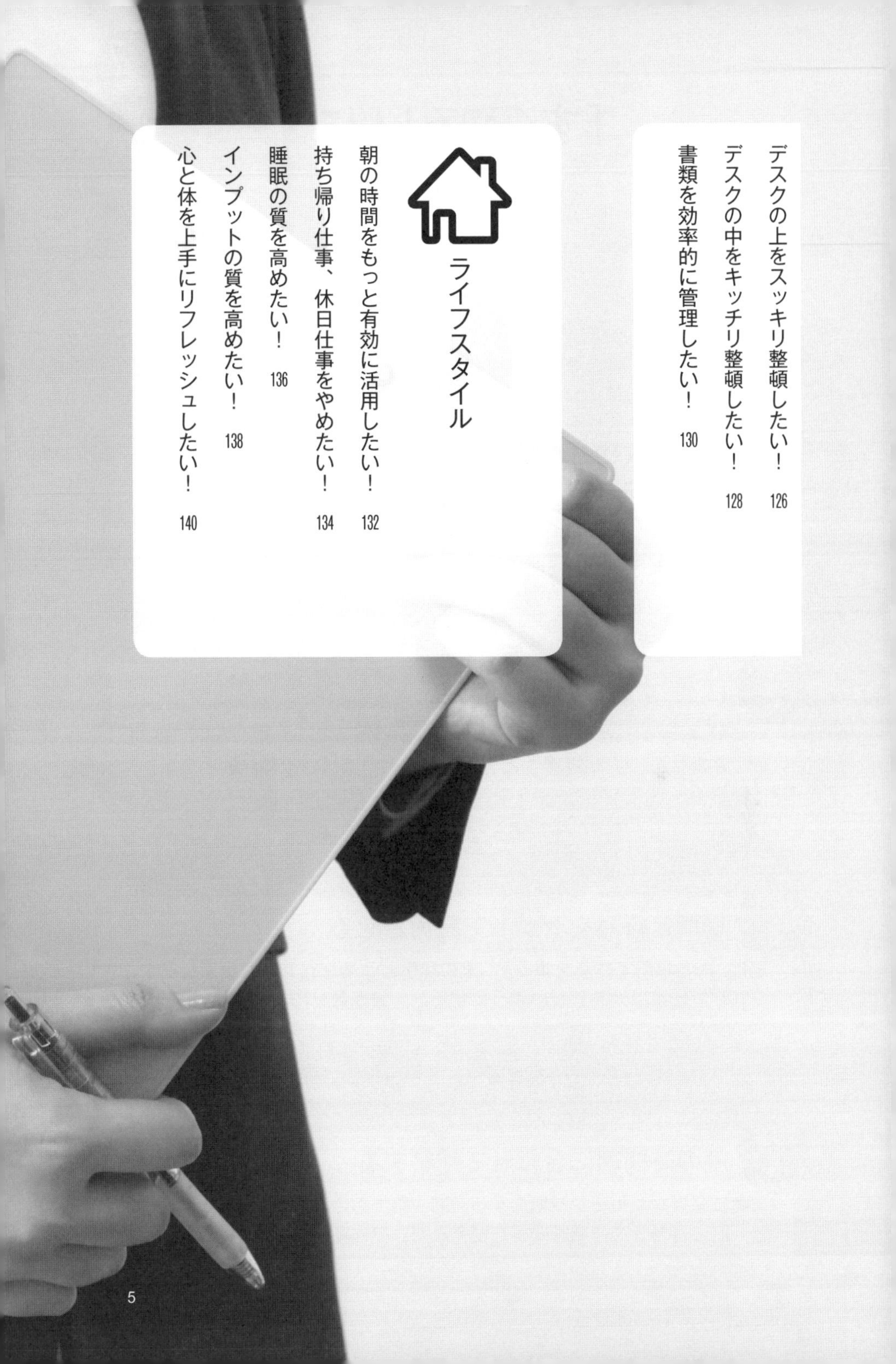

ライフスタイル

原理原則

「すぐやる」人になりたい！

ユークロニア株式会社　代表取締役社長
菅原洋平

Point 1 作業の区切りを変える

1つの作業を終えたとき，そこで区切らずに，次の作業に少しだけ手をつけて区切ると，「面倒くさい」と感じず，すんなり作業を再開できます。

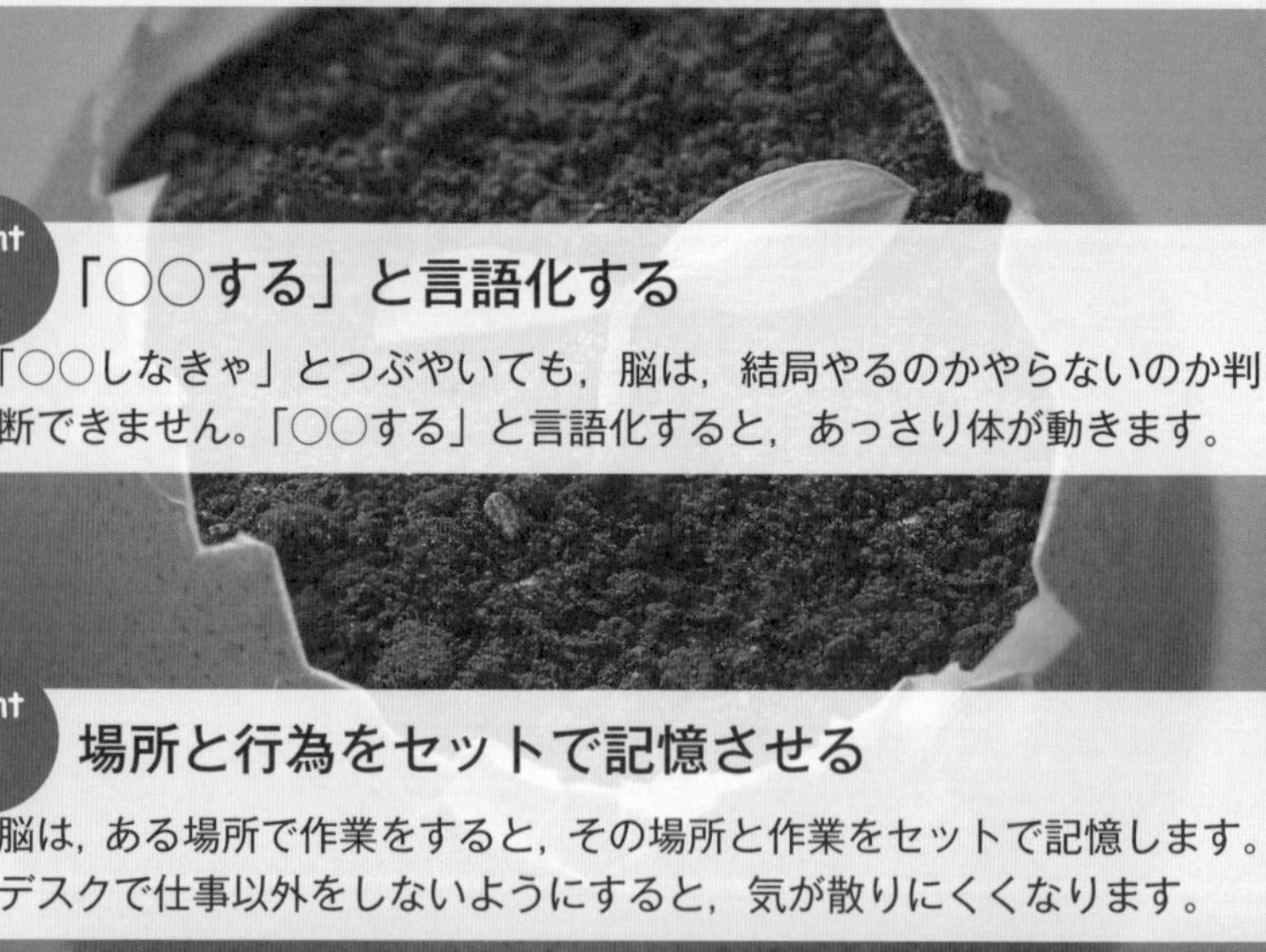

Point 2 「○○する」と言語化する

「○○しなきゃ」とつぶやいても，脳は，結局やるのかやらないのか判断できません。「○○する」と言語化すると，あっさり体が動きます。

Point 3 場所と行為をセットで記憶させる

脳は，ある場所で作業をすると，その場所と作業をセットで記憶します。デスクで仕事以外をしないようにすると，気が散りにくくなります。

Point 4 脳の時間割に合わせて作業する

思考に必要なホルモンが増加する時間，脳波の活動が活発化する時間など，脳に合わせて作業時間帯を変えるだけで作業効率は上がります。

Point 1 作業の区切りを変える

1つの作業を終えて休憩をしたとき、次にやるべきことを「面倒くさい」と感じたことがあると思います。実はこれは、脳が次の動作を検索しにくかったことが原因です。

脳には、動作の辞書のような機能があります。動作を1つのパッケージにして保存することで、次に同じ動作が必要なときに、速やかに検索し命令できるようにしているのです。

例えば、会議から帰ってきたらそこで一息つくとします。すると、デスクに帰ってきたところまでが「会議」という動作だと保存されます。この会議の議事録を書かなければならないとすると、それは別の作業なので、作業を再開したときに改めて検索して、議事録を書く動作を体に命令しなければなりません。これが脳にとっては負担なのです。

そこで、1つの作業を終えたら、次の作業に少しだけ手をつけて一息つくようにしてみましょう。会議から帰ってきたら、議事録の最初の数行だけつくって一息つく。こうすると、脳には、議事録を書くところまでが「会議」だと保存されます。次に作業を再開するときには、先ほどまでの作業の続きなので、新たに動作を検索する必要はなくすんなりと体に命令することができます。

これは、様々な場面で応用できます。例えば、夕食後の皿洗いです。夕食を終えてソファで一息つくと、そこから皿を洗うのはすごく面倒に感じます。そこで、夕食を終えたら、皿を1枚だけ流しに持って行って洗い、食器棚にしまってから休んでみましょう。皿洗いをすんなり再開できたり、ついでに別の皿まで片づけてしまう体験ができるはずです。

Point 2 「○○する」と言語化する

やるべきことが頭に浮かんだとき、「あぁ○○しなきゃいけないんだった」とつぶやくことがありませんか？　実はこのつぶやきで、脳は体に命令できなくなってしまいます。言葉は、記憶のアクセスコードの役割をもっています。自分が使った言葉に該当する記憶を検索し、それを体に命令します。

例えば、「資料つくらなきゃ」とつぶやくと、脳は、資料をつくらなきゃいけないけどつくるのかつくらないのかがわかりません。次の動作がわからないので、体に命令することができず、当然体は動きません。「○○しなきゃ」という言葉は、脳にとってわかりにくい指示なのです。

そこで、やらなければならないことが頭をよぎったら、「〇〇する」と言い切ってみましょう。試しに、「資料をつくる」と言い切ってみると、意外と自然に体が動くことが体験できます。

「〇〇する」とつぶやいても、行動に移せない場合は、つぶやいている動作のゴールが曖昧になっています。「デスクを片づける」とつぶやいても、どうなれば片づいたのか、明確に判断できません。それに対して、「資料をファイリングして本棚にしまう」とつぶやくと、体はあっさり動きます。作業を細分化して、具体的な動作とそれを実行することで達成できるゴールが明確になるようにつぶやくのがコツです。

Point 3 場所と行為をセットで記憶させる

作業する場所も、脳の働きに影響します。ポイントは、作業ごとに場所を分けることです。

脳は、何か作業をしたとき、その場所と作業をセットで記憶します。そのため、再びその場所に行く前に、以前行った作業をするイメージを働かせて脳を準備して臨むとスムーズです。この仕組みは、フィードフォワードと呼ばれています。過去の記憶を生かして、作業がスムーズに再開できるように効率化を図っているわけです。

ところが、この効率化の仕組みが裏目に出てしまうことがあります。仕事をするデスクでお茶を飲んだり菓子を食べたり雑談したり、SNSを見たりすると、脳はその作業も記憶します。すると、デスクに座ったときに「お茶でも飲もうかな」「SNSに誰か投稿したかな」と発想します。なぜ仕事をするデスクでそんな発想をしたかというと、過去にそのデスクでその作業をしたからです。脳は、望ましくない作業でも記憶して準備してしまいます。

そこで、デスクに座ったら速やかに仕事に取り掛かれるように、「場所と作業」をセットにして脳に記憶させてみましょう。まずは自宅で「それしかしない」場所をつくってください。読んでおくべき書物があったら、それを読む場所を決めます。お茶を飲みたくなったら席を立って別の場所で飲み、何も持たずにまた席に戻ります。こうすると、席に座ったらすぐに作業に取り掛かれることに気づくと思います。

これが体感できたら、職場のデスクでも試してみましょう。職場では、仕事や雑用、食事もすべて自分のデスクで行わなければならないかもしれません。そんな場合は、デスクの上に置くものを限定してみましょう。脳の場所の記憶は、視覚情報によってつくられているので、そのデスクはその作業をする場所、ということが視覚的に明確にできればよいです。作業中は別の作業に使うものをすべて棚や引き出しにしまって見えないようにして、脳にわかりやすくしましょう。

Point 4 脳の時間割に合わせて作業する

ホルモンの分泌や脳波活動には、一定のリズムがあり、何時にどの能力が高まるのかが、大まかに決められています。能力が高まる時間に、その能力が求められる作業をすれば、発揮できるパフォーマンスは向上します。すべての行動を脳の時間割に合わせることは難しいですが、脳の時間割を大まかに知っておきましょう。

朝出勤してすぐの時間帯は、男性ホルモンテストステロンが高まっています。これは、重要な決断をするときに増えるホルモンです。つまり、朝イチは、重要な決断ができる時間帯です。そこで、出勤したら、まずその日の最も重要な作業に取り掛かってみましょう。迷わず判断でき、作業がサクサク進むと思います。起床3時間後は記憶力、起床4時間後は創造性が最も高まります。つまり、午前中が一番頭がよいので、午前中のうちに大事なことを済ませてしまいましょう。

昼過ぎには、睡眠―覚醒リズムにより、脳脊髄液に睡眠物質が充満して眠くなります。中学や高校で、昼休みに仮眠を取り入れたことで生徒の成績が向上したというニュースを聞いたことがあると思います。眠気がピークになるのは、起床8時間後。その前の起床6時間にあたる昼休みに、午後の眠気を取り去る計画仮眠を試してみましょう。計画仮眠は、眠くなる前に、1〜30分以内で、座ったまま、必ず「○分後に起きる」と3回唱えてから行いましょう。実践するほど午後の頭をスッキリさせることができます。

内臓の温度である深部体温が最高になるのが、起床11時間後の夕方あたりです。午前中がクリエイティブな能力が高いのに対し、夕方は作業スピードが高まります。今日中にやること、明日にやることをテンポよく判断し、今日の作業を終えましょう。夕方に体を動かして体温を上げることができれば、その夜の睡眠の質が向上します。睡眠中には、脳内の情報を整理する作業が行われるので、睡眠の質を高めれば、翌朝の作業の質が高まります。夕方には、休日でもなんとか体を動かす用事をつくり、自然に夕方の体温が上がるスケジュールをつくっておきましょう。

脳は誰もが有するインフラです。その仕組みを知り、最大限に活用し、毎日を充実させましょう。

原理原則

「段取り」上手になりたい！

ビジネスファイターズ合同会社　CEO
飯田剛弘

Point 1 ゴールから逆算する

明確なゴールから逆算して考えると，やるべきことがわかり，抜け漏れを防げます。計画を立て，最短で目標を達成できるようになります。

Point 2 切り替えコストを減らす

仕事を行っているときに別の仕事に着手すると，脳はストレスを感じます。切り替えを繰り返すと，脳が疲弊し，集中力が落ちてしまいます。

Point 3 仕事の時間割をつくる

目の前の仕事に集中できるように，スケジュールを組みます。何を，いつ始め，いつ終わるのかを決めるため，作業の仕分けから始めます。

Point 4 タスク置き場をつくる

作業をするのに必要な情報や資料がバラバラに管理されていると，探すのに手間と時間がかかります。それらを管理する場所をつくります。

Point 5 完璧を目指さない

各作業の合格ラインと期限を明確にしないと，つい完璧を目指し，必要以上に品質にこだわりすぎて，期限を守れないことがあります。

Point 6 仕組み化で効率を上げる

限られた時間内で成果を出すためには，仕事を効率的に進められる環境や仕組みをつくり，ちょっとした技術を積み重ねることが必要です。

Point 1
ゴールから逆算する

仕事の段取りでは、最短で目標を達成するために、どのような行動をするのかを計画します。そのためにゴールを明確にして、そこから逆算することが重要になります。

目標設定の方法の1つであり、目標達成に効果的な「SMARTゴール」を使って、ゴールを設定します。「SMART」とは次の5つの言葉の頭文字をとったものです。Specific（具体的に）、Measurable（測ることができる）、Achievable（達成できる）、Related（やっていることに関係している）、Time-Bounded（時間に区切りのある）。「SMART」を基にゴールを設定すると、例えば、「ダイエットをする」という曖昧なゴールが、「2020年12月31日までに、体重を3キロ落とし、着られなくなったスーツを着られる体型になる」のように明確になります。目標を達成するために必要なことを、逆算的に考えると全体が見えてきます。何をいつまでにやり遂げる必要があるのかがわかり、作業の抜けや漏れをなくせます。本来やらなくてもいい、あるいはそこまで時間をかける必要がないことに振り回されることもなくなります。ムダも減ります。段取りは「最小の労力で最大の成果をあげる」ために重要です。

Point 2
切り替えコストを減らす

切り替えコストとは、ある仕事を行っているときに、別の仕事に着手する際にかかるストレスであり、浪費した時間やムダです。切り替えを繰り返すと、脳が疲弊し、集中力が落ちてしまいます。まずは、切り替えコストをどれくらい払っているのか、事実を認識します。例えば、話しかけられたり、電話がかかってきたりして、仕事を中断することがあります。その後、仕事に戻ろうとすると、やっていたことを忘れ、メールや資料を読み直すことがあります。仮に1時間に1回、仕事を中断し、再度集中できるまでに5分かかったとします。仕事が毎時間中断すると、1日に大体40分、1週間で約3時間20分もの時間を失っています。

またマルチタスクは弊害をもたらすことがあります。マルチタスクとは、取り組むタスクを瞬時に切り替えていることです。表向きは、同時に処理しているように見えますが、実際には、複数のタスク間をせわしなく行き来している状態です。タスク間の移動には切り替えコストが発生しています。過剰なマルチタスクは作業効率を下げます。マルチタスクを減らす仕事の進め方に変えていくと、集中力や効率が上がりミスやストレスが減ります。

Point 3 仕事の時間割をつくる

スケジュール管理は「作業仕分け」から始めます。せっせと目の前にある作業をするのではなく、「的」を絞ります。本来やるべき仕事に集中するため、成果に影響しない仕事はやめる、あるいはその仕事が得意な人に協力してもらうなど、何でもかんでも自分でやらないことが大切です。

やるべきことを絞ったあとは、いつやるかを決めて、カレンダーに予定を入れます。ここで大事なことは、「今すぐやる」と「健全な先送り」をかけ合わせることです。基本は「今すぐやる」ですが、今すぐにやらなくてもよい優先度が低い仕事はカレンダーに予定を入れ、いったん忘れます。そうすることで、今やるべき重要な仕事に集中できます。カレンダーアプリなどの通知機能を活用し、忘れ防止をするのも有効です。

さらに、仕事がはかどる時間を確保したり、他の人に邪魔されない状況をつくったり、仕事に集中できる環境をつくることも大事です。また突発的な仕事に備えて、はじめからバッファ(予備の時間)を設けたり、隙間時間の活用方法を決めたりして、時間管理をしていくことが大切です。

Point 4 タスク置き場をつくる

タスク置き場とは、作業をするために必要な資料や情報が保管・管理されているところです。例えば、手帳、メモ用紙、ホワイトボード、メール、ToDoリスト、専用ソフト、引き出し、棚、鞄などです。タスク置き場が多いと、書類やファイル、メモなどを探す回数が増えます。仮に1時間に数回、資料やデータを探し、1回探すのに30秒かかるとします。すると、何も付加価値を生まない「探す」行為に、1週間で約1時間も時間を使っていることになります。

この時間浪費の事実を踏まえ、ムダを減らすために、環境や情報を整理します。資料やデータは、できるだけ同じところにまとめます。タスク置き場の数を減らして、探す時間と労力を減らすことが重要です。

また検索に時間をかけない工夫やスキルアップも必要です。例えば、メールや電子ファイルは、紙の書類を保管、目で探すような従来の管理方法から、検索機能を使うやり方に変えていきます。今は、整理整頓が苦手な人でも、キーワード入力で数秒で検索できます。このように、今の時代に合ったやり方に変えていくことが大切です。

Point 5 完璧を目指さない

完璧に仕上げようとすると、いくら時間があっても足りません。完璧さとは、あくまで自分の中の基準でしかありません。相手はそこまで求めていないかもしれません。まずは、求められている完成度を見極めることが重要です。つまり、合格ラインを設定することです。そうすることで、作業の範囲（やること、やらないこと）が明確にでき、無駄な作業を減らせます。

また、段取りをするうえで、仕事の期限と品質の優先順位を間違えないことも重要です。基本的に、期日までに仕上げなければ、仕事の価値もあなたへの信頼も失います。仕事は1人でやるものではありません。あなたのアウトプットを待っている人がいます。相手を待たせる時間を最小にして、相手に与える価値や満足度を最大にすることが大切です。

総じて、段取りの悪い人は自己中心的で、相手が待っている意識が希薄です。「後工程はお客様」という言葉がある通り、普段から待っている相手の立場になって、物事を考えることが大切です。不必要にこだわり過ぎず、期限までに仕事を終わらせることが重要です。

Point 6 仕組み化で効率を上げる

誰がいつやっても、成果が効率よく出せるように仕事を標準化し、仕組みをつくっていくことは重要です。仕事の進め方や情報のフォーマットをシンプルにして、統一し、効率を上げます。各作業についてはルーチン化し、一気に処理します。例えば、メールチェックや電話するなどの作業は、夕方の1時間にまとめて行うなど時間を割り振り、一気に行います。また誰がいつやっても確実にミスなく成果を出すために、マニュアルやチェックリストをつくるのも大事です。

会議については、プロセスとして、開催前に会議の必要性から考えます。情報共有ならメールや掲示板で十分です。行う場合は、会議の目的、議題、参加者、進行などを決め、参加者と事前にその内容や関連資料を共有し、会議を早く終わらせるよう準備します。

また、ひな形やテンプレートは積極的に活用するのも有効です。資料をつくる場合は、背景や色、形、フォントなどのフォーマット化を行います。メールも依頼文、お礼文などテンプレートを用意します。定型文は辞書登録します。このように、仕組みをつくり、ちょっとしたテクニックを積み重ねていくことで、作業効率を大きく上げることができます。

原理原則

「ミス」を なくしたい！

東京大学環境安全研究センター特任研究員
飯野謙次

Point 1 がっかりしてもしょんぼりしない

「ミス」をすると人はがっかりします。そこまでは当然の反応ですが，しょんぼりして終わらせるのではなく，プラスへの転換が必要です。

Point 2 原因を徹底的に究明する

ミスをなくそうと考えるなら，まずミスの原因を究明することです。このとき，気合いが足りなかったと精神論に走るとミスはなくせません。

Point 3 自分の傾向を分析する

ミスを効果的になくすには，一つひとつのケースに場当たり的な対処をするのではなく，システマチックに分析することが必要です。

Point 4 「ミス」ができない仕組みをつくる

ミスをなくすには，気をしっかりもつのでは無理です。忘れるのが原因であれば，思い出すための仕組みをつくらなければなりません。

Point 1 がっかりしても しょんぼりしない

私たちは大地震に遭遇したとき、まず大いにびっくりします。犬も猫も、はたまた山に住んでいる猿も熊も、すわ、たいへんなことだと仰天します。しかしそこから、私たちはどうするべきか、日ごろから教えられており、まずは机などの下に隠れて主要動をやり過ごし、火の元を確認してから避難行動に移ります。本能のままに動く動物とは違うのです。

ところが、何かミスをやらかしたときはどうでしょう。まず、最初の反応は、「しまった！」といった驚きに近い情動ですが、そのすぐ後には、後悔、そして人様に迷惑をかけるようなことであれば、申し訳ないという気持ちと、どうやって状態を元通りに修復しようか、どう言い訳をしようかなどと頭が動きます。そしてミスをしてしまった自分にふがいなさを感じてがっかりするのです。

ここまでの反応は動物的です。しかしその後、地震のときに「どうしよう、どうしよう」とうろたえるのではなく、冷静に行動ができるのと同じように、プラスに向かって自分の行動を制御できるようにしたいものです。しょんぼりして自責の念にからめとられてしまっては、本当に失敗だけで終わってしまい、マイナスしか残りません。

Point 2 原因を徹底的に究明する

ここでは、どうやったら自分のミスをマイナスで終わらせずに、プラスに転換するかを考えます。まずやらなければいけないことは、ミスの原因究明です。このときに、「気合いが足りなかったから」とか「ぼんやりしてたから」などと、精神論的な原因をあげていたのでは次に進めません。

やらなければならなかったことを、うっかり忘れたときのことを考えてみましょう。もちろん、常にそのことを念頭に、呪文のように唱えていたなら、うっかりすることもなかったかもしれません。しかし、私たちの仕事は、生活も含めて、そんなに単純ではありません。特に現代を生きる人は、電子メールがどこまでも追いかけてくるわ、調べたいことの答えはネットですぐ見つかるわ、以前は手入力で時間がかかっていた作業が、電子ツールであっという間にできてしまうわで、扱わなければならない情報量がとんでもなく膨らんでしまっています。

うっかりしていたなら、なぜうっかりできたのだろうと考えてみることです。急な予定外の作業を頼まれて、それに没頭していたら、予定の時間を過ぎていた。同僚が倒れて、その介抱をしていたら、すっかり疲れてしまい、ぼーっとして予定の作業を忘れてしまった、など、事情は様々でしょう。

このように、うっかり忘れるというのはよくある失敗です。その原因を突き詰めて考えると、予定の作業にかかる、あるいは人との待ち合わせに出かける動作に移るきっかけを、自分の記憶に頼っていたことがわかります。

Point 3 自分の傾向を分析する

人の生き様はいろいろです。自分で選んだ、あるいはなんとなく生きてきたらそうなったという生業があります。その職業によって、どうするのがよいのかは、大きく違います。例えば芸術家であれば、システマチックに効率を追いかけることはあまりないのかもしれません。

対して、一般の私企業という組織での仕事を考えると、最終的には利益を出すことが目的でしょうし、役所であれば、世間に対してサービスを提供すること、教育機関であれば、子どもが大人になる過程で、それぞれの子どもが将来困らないように、それぞれの生き様を支えられる技術を身につけさせることでしょう。

このような職業に就いている人は、しばらく前から起こっている情報社会の革命によって、システマチックに効率よく作業を行うことが求められます。対症療法的に、忙しくしていたのでは、いつまで経っても効率がよくなることはありません。

ここで考えるのはミスをなくす方法です。失敗をするたびに、個々の対策を考えて行動をしていたのでは、システマチックとは言えません。効率をアップするには、まずデータを集めることです。これは、工業、農業、サービス業、あるいはその他何が仕事であろうと、まずはデータを集め、それを分析することから始めなければ、独りよがりの勝手な考察になってしまいます。

1人で、自分のミスをなくそうと思うなら、まずは自分のミスデータを集めることです。あるいは、グループで失敗学を実践してみたいなら、自分たちのミスを収集することです。

失敗事例の収集とは、それぞれの失敗について、何があったか、さらに原因、対策等を文章にして記録することです。また、図や写真を記録することも有効です。私は複数の大学院で学生に失敗学と創造設計を教えていますが、図は、鉛筆を持って手描きで作成するようすすめます。子どものとき以来、使わなくなってしまった創造性を、少しでも覚醒するための努力です。ミスをなくすには、この創造性が重要な役割を担います。

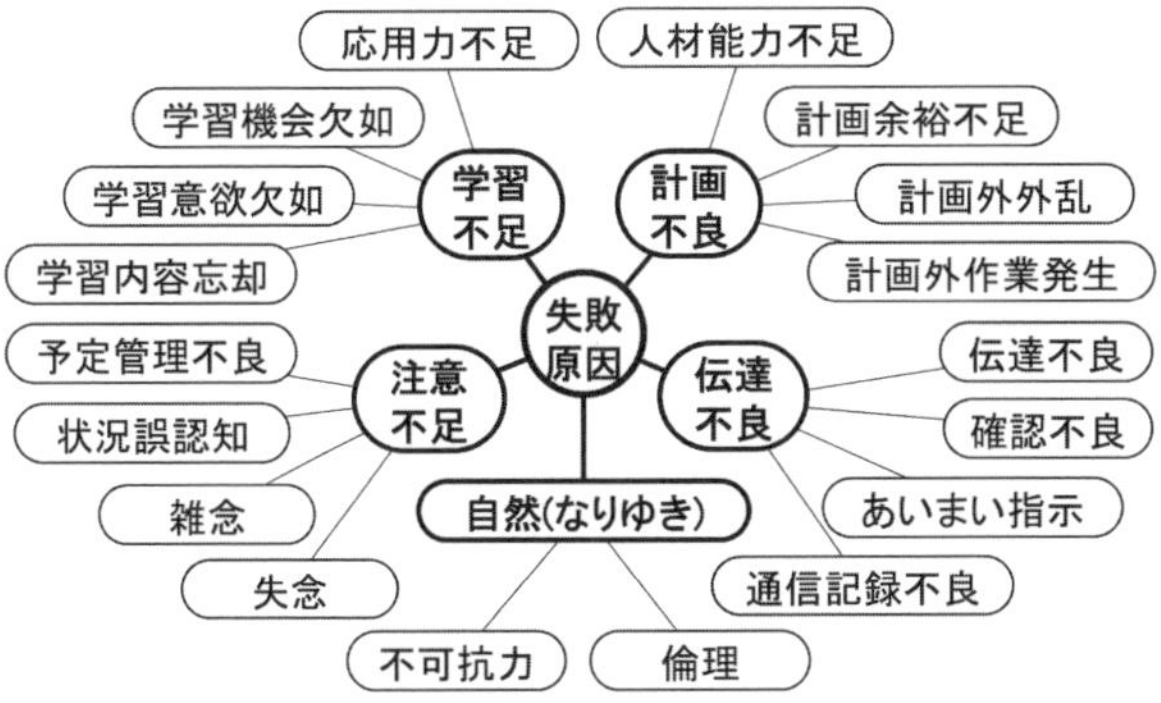

個人の失敗原因まんだら

さて、ミスを収集して自分の傾向を分析するには、10個は事例が必要でしょう。グループで集めるなら、50個です。上図は、個人の失敗原因を見つける目安となるまんだら図です。組織の場合は、組織用のものが失敗学会のホームページに掲載してあります。自分、あるいは自分たちは、どういう原因の失敗が多いかを、この図を眺めながら、うんうんと考えてください。

Point 4 「ミス」ができない仕組みをつくる

先に、人はうっかり忘れるミスが多いことを書きました。上のまんだら図の、「失念」という原因です。そして、自分の記憶を信用するから起こることだと説明しました。まずは、この「自分の記憶」は信用できないと考えましょう。ちょうど朝起きるのに、自分の記憶に頼ろうとする人はいないのと同じことです。目覚ましをセットする、モーニングコールを頼むなど、やり方は色々ですが、自分の脳作用の外部にトリガーを置いてそれに頼るのです。

手帳に予定をつぶさに書き込み、それをときどき見ては、トリガーにしている人もいます。私の場合は、データベースツールを作成して、すべての予定を、決まったとたんに携帯電話を使ってそこに書き込み、大事、あるいは忘れそうと思うと、30分前に、自分の携帯にリマインドメールが来るようにしています。仕事もプライベートの予定も書き込むので、事務所の人たちにはどこで誰と会っているかばれてしまいますが、うっかり忘却することはなくなりました。

ミスは気をしっかりもってなくすのではなく、創造性をもってやり方を変え、できなくすることでなくすのです。

原理原則

「イライラ」しないで子どもと向き合いたい！

一般社団法人アンガーマネジメントジャパン　代表理事
佐藤恵子

Point 1　自分の感情に日頃から意識を向ける

自分の感情に意識を向けていると，怒りの感情が湧いてきたときにすぐ対処できたり，子どもの感情が理解できるようになったりします。

Point 2　怒りの感情を理解する

怒りの感情の奥を探ると，様々な感情が隠れています。それが怒りの正体です。怒りの正体からたくさんのメッセージを受け取れます。

Point 3　イラっとしたら心身を落ち着かせる

怒りの感情のレベルがアップする前に，まずは心身を落ち着かせることがポイントです。そのためにスキルを身につけ実践しましょう。

Point 4　自分の認知傾向を知り，変えていく

自分の認知（考え方や捉え方）は感情に影響を与えます。自分の認知傾向を知り，変えることは，怒りの感情を弱める第一歩です。

Point 5　信頼関係を築くための傾聴と対話

子どもの心を開くには，傾聴を土台にした対話を重ねることです。それが子どもと教師の間に信頼関係が生まれる第一歩です。

Point 1 自分の感情に日頃から意識を向ける

教師は「感情労働」を担う職種です。感情労働とは、自分の感情をコントロールして相手に対応することが求められる仕事です。感情労働に就いている人は、アンガーマネジメントを身につけていることが大切です。

学校現場では、様々な背景をもつ子どもと向き合います。落ち着いて対応できるときもあれば、イラッとして、つい強い口調で言ってしまうことや我慢して自分の中にイライラを溜め込んでしまうこともあるでしょう。特にネガティブな感情が自分の中で湧いているときに、その感情に意識を向けていないと、何かのきっかけで、その感情がレベルアップしてしまう場合もあります。反対に我慢してしまうと、ストレス反応として、心身の不調につながることもあります。日頃から自分の感情に意識を向けることは、自分の感情コントロールやメンタルヘルスの維持にも非常に重要です。もし、自分の中に怒りが湧いていることに気づくことができれば、すぐ対処できます。しかし、気づいていないと、自分でも思ってもみない言動をしてしまうこともあります。さらに、自分の感情に意識を向けることが増えると、子どもの行動から感情を読み解くことができるようになり、どんな対応をしたらよいかも考えられます。

Point 2 怒りの感情を理解する

怒りの感情はだれでももっている自然な感情です。むしろ必要な感情と言ってもよいでしょう。だれでも傷つく言葉を言われたら、怒りの感情は湧いてきます。つまり、怒りの感情は「今自分は傷ついている」ということを知らせてくれるサインであり、必要な感情なのです。ただし、自分の怒りに意識が向けられず怒鳴ったり、暴力を振るってしまったりすれば、怒りの感情は「悪い感情」になってしまいます。

自分の怒りに振り回されなくなるために大切なことがあります。それは、怒りの感情の正体を知ることです。怒りの感情の奥には様々な感情が隠れています。隠れている感情が怒りの正体なのです。海に浮かぶ氷山をイメージしてください。例えば、急ぎの仕事があるのに「急いでこの仕事をやって」と言われたとき、「なんで急に?」という言葉が頭に浮かび、イラッとしませんか。実は怒りの感情は気づきやすい感情で、氷山に例えたら、先端（海上に見える部分）にあたります。そこで、この怒りの奥（氷山の海の中の部分）にどんな感情があるのかを探っていきます。この例の場合、急に頼まれたも終わっていないので、自分の仕事ら焦りや不安があるかもしれません。実は怒りが湧く前に、焦りや不安などの別の感情が起こっているのです。これが怒りの正体です。怒りの正体がわかるようになると自分の怒りを客観的に見ることができ、感情的な言動を避けることができるようになります。

Point 3 イラッとしたら心身を落ち着かせる

イラッとしたら、次の方法を使ってまず、心身を落ち着かせましょう。

①セルフトーク　心身を落ち着かせる言葉を自分に言い聞かせましょう。

例「大丈夫！　落ち着け」など。

②10秒呼吸法　鼻から1、2、3、4と空気を吸い、いったん止めます。5〜10で口からゆっくり息を吐き出します。これを4、5回繰り返します。自律神経を整える効果もあるので、普段から練習してみましょう。

③筋弛緩法　怒りが湧いてくると身体は緊張状態になります。こんなときは、あえてリラックスした状態をつくります。肩を耳たぶに近づけるようにゆっくり上げ、上げきった所で5秒カウントし、力を抜いて肩を下ろします。

④思考停止法　ネガティブな考えや感情が湧いてきたら、自分に「ストップ」と言い聞かせます。ネガティブな考えや感情が和らがないときは、「10分したら別のことをしよう」と時間を決め、別の行動に意識を向けます。

⑤話を聴いてもらう　信頼できる人に話を聴いてもらいます。自分の中にネガティブな感情を溜め込まない、1人で抱え込まないことが大切です。

Point 4 自分の認知傾向を知り、変えていく

怒りの感情が起こるか否かは、その人の認知（考え方や捉え方）が影響しています。ここでは、認知傾向（考え方のくせ）についてお伝えします。

①白黒思考　ゼロか100か、善か悪かのように物事を二極化して考える。

②すべき思考　自分の考えは絶対だと考え、その考えを自分にも相手にも押しつけ、期待通りの結果が出ないことにイライラする。

③完璧主義　自分の理想を掲げ、それを自分にも相手にも求め、少しでも経過や結果が思い通りにいかないと、イライラする。

④他罰思考　相手のせいにして、自分

の責任を回避する。

だれでも何らかの考え方のくせがあります。まずは、自分の考え方のくせに気づくことが肝要です。

次に、その考え方のくせを変えていきます。そのためには、考え方の幅を広げることが大事なのです。その方法は以下の3つです。①別の視点から物事をみる、②視野を広げる、③別の方法を考える。自分の考え方のくせを変えることで怒りの感情も弱まります。

Point 5 信頼関係を築くための傾聴と対話

傾聴とは、耳、目、心を傾け相手の考えや気持ちを理解しようとする聴き方です。学校現場ではトラブルや問題行動が起きます。トラブルや問題行動が起きるには、必ず理由があります。行動だけに焦点を当てて聴くのではなく、子どもの「感情を聴く」というスタンスで関わると、子どもと教師の間に信頼関係が生まれ、子どもが様々なことを話してくれるようになります。子どもが抱えている問題もわかり、対応も早くできるのです。行動を変えようとする前に、傾聴しましょう。

ここでいう対話とは、自分も相手も大切にするアサーティブコミュニケーションです。傾聴することにより、子どもが少しずつ自分の気持ちや考えを伝えてきたら、受け止めます。教師の考えだけを一方的に伝える、あるいは威圧的に言うなどは、アサーティブコミュニケーションではありません。このような伝え方をしていると、子どもは心を開きません。小さい子どもでも、自分の気持ちや考えがあります。そこを忘れないようにしましょう。

例えば、毎回宿題をやってこないことが続くと、イライラして「なんで忘れるの!」と言ってしまうかもしれません。アサーティブコミュニケーションでは、具体的な事実、感情、要求・提案を伝えます。

「今週3回宿題をやってくるのを忘れたね（事実）。宿題ができないわけでもあるのかなって心配しているよ（感情）。何か理由があったら話してほしい（要求・提案）」。こんなふうに伝えられると、子どもも話しやすくなり、教師も何が問題なのかもわかり、手立てや対応も考えられます。

これまで、アンガーマネジメントに必要なことを伝えてきました。アンガーマネジメントは、怒りを消す方法ではありません。怒りは大事な感情で、たくさんのメッセージを伝えてくれます。実践を通して、自分の怒りや子どもの怒りを大切に扱ってください！

「生産性」を向上させたい！

原理原則

ミルクデザイン株式会社　代表取締役
山田尚大

Point 1 STPD サイクルで継続的改善を習慣化する

計画づくりから始める PDCA サイクルではなく，現状分析から始める STPD(See, Think, Plan, Do) サイクルが生産性向上には有効です。

Point 2 ２つの観点で生産性向上ポイントを分析する

生産性向上のアプローチは，仕事を減らすか仕事を効率化するかの２つに分解されます。この２つの観点で業務の現状分析をします。

Point 3 優先順位より劣後順位で仕事を取捨選択する

遅かれ早かれ実施する優先度の高い業務の順位ではなく，削減できる可能性のある業務を探すために，劣後順位を決めることが大切です。

Point 4 ８割仕事を見つけて効率化する

すべての業務で100点が求められているわけではなく，80点で合格の業務もあります。８割仕事を見つけて業務の効率化を行います。

Point 1 STPDサイクルで継続的改善を習慣化する

私は民間企業でシステム開発に約10年間従事しており、学校での業務経験はありません。しかし、仕事術や時間術には業務によらず共通する部分があると思いますので参考になれば幸いです。

私が学校の業務の特徴として感じることの1つは、1年間、1週間という単位できれいな周期性が存在する点です。私が経験してきたプロジェクト型の仕事は、目的や期間が毎回異なり周期性がありませんでした。周期性のある業務のメリットは、経験から得られたノウハウを将来に活用しやすく改善活動が行いやすい点です。継続的改善活動で有名な手法はPDCAサイクルですが、生産性向上の手段としてはあまり適切ではありません。その理由は、自身の1日、1週間、1年間の業務がどのような業務の集合で構成されており、それぞれの業務の投入時間を正確に把握している人は稀なためです。現状把握が不十分な状態で計画(Plan)を作成しても絵に描いた餅となってしまい、すぐに計画が破綻してしまいます。一方で、STPDサイクルの特徴は、現状把握（See）、現状分析（Think）を始めに実施し、その後続作業として、計画（Plan）、実行（Do）のプロセスを行う点です。実行（Do）の結果は再度現状把握（See）し、サイクルを繰り返します。すでに、手帳などに日々の業務の実績を記録する習慣がある方は、現状把握（See）のプロセスは飛ばして、現状分析（Think）から始めていただいても構いません。現状把握（See）のプロセスでは、次の手順で現在の業務の状態を記録してください。はじめに前日または朝に1日のスケジュールを作成してください。次に1日の業務の実績を記録してください。この際、所要時間は分単位で細かく記録してください。業務中は電話などのちょっとした横槍作業が必ずと言ってよいほど入りますので、それらもすべて記録するために分単位での記録を推奨しています。業務の実績を記録する作業は慣れていないと非常に煩わしく、また最初のうちは記録すること自体を忘れてしまうこともあると思います。そのような場合でも、記録を忘れていたことに気がついたときに振り返って思い出し、多少不正確でもよいので必ず記録を残すようにしてください。この記録作業は2週間継続してください。業務の記録作業は負荷の高い作業ですが、STPD

サイクルを習慣にして生産性向上を成功させている人は、記録の手間に費やす時間よりも、生産性向上で得られる時間のほうが遥かに多いことを実感しています。最終的にはリターンの方が大きいことを信じて、まずは2週間、業務の実績を記録してみてください。

Point 2　2つの観点で生産性向上ポイントを分析する

2週間の記録が取れて現状把握（See）が完了したら、現状分析（Think）のプロセスに進みます。分析の方法をご説明する前に、生産性の定義について確認します。

生産性とは、分母を投入時間、分子を成果とした式で表すことができます。同じ成果であれば投入時間が少ないほうが生産性は高いと言えます。また、見落とされがちですが、投入時間が同じで、成果をより多く出した場合も生産性が高い状態と言えます。本稿の生産性向上は、前者のより少ない投入時間で同じ成果を実現する方法に焦点を当てます。仕事の投入時間を減らすためには、仕事そのものを減らす方法と、仕事の効率を高める方法の2つのアプローチがあります。2週間の業務を記録したら、現状分析（Think）を行いますが、分析の観点としてこの2つのアプローチをポイント3、4で紹介します。分析を完了し、改善ポイントが整理されたら、それを次の2週間の計画（Plan）に反映させて実行（Do）します。その後は、2週間で1サイクルを継続します。

Point 3　優先順位より劣後順位で仕事を取捨選択する

仕事を組み立てるときは、優先順位を考えるように言われたことがあるかもしれません。私も社会人1年生のころにそのように教わりました。しかし、なくすことができない必要な業務同士で、優先順位をつけることに意味はありません。遅かれ早かれそれらの業務を実施することに変わりはなく、優先度を工夫しても投入時間の総量は変わらないからです。

ここで誤解がないように補足すると、優先順位をつけることと、仕事の組み立てを工夫することは別のこととして説明しています。例えば、テストの採点とアンケートの2つの仕事があり、どちらも必要な業務で期限が同じとします。この場合、2つの業務のどちらの方が優先度が高いかを考える意味はありません。しかし、仕事の組み立てについては、テストの採点は、1人で完結する仕事なので期限直前に着手しても問題がないかもしれませんが、アンケートの場合は、回答の収集が完了していないと集計作業ができませんので、アンケートの依頼は早めに実施することが賢明です。このような場合、アンケート業務の方に先に着手することになりますが、アンケートのほうが優先度が高いというわけではなく、これは仕事の組み立ての話です。いずれにしろ実施することになる優先度が高い業務に注目するのではなく、優先度が低い業務に劣後順位づけを行い、削減しても問題のない業務を見つけることに注力することが生産性向上には重要です。

劣後順位が上位の候補の業務の見つけ方は、2週間記録した業務のうちで、予定には存在するが、実際には実施しなかった業務があれば、それを削減候補の業務としてあげてください。もしなければ、業務のトーナメント戦を行います。実績業務でトーナメント表をつくり、2つずつ業務を比較し、相対的に不要と考えられる業務を勝ち上がらせて削減候補の業務の1位を決めます。そして、削減候補の業務を実施しなかった場合に、誰がどのように困るのかを具体的に考えて、誰も困らないのであればその業務を削減することを試みてください。

Point 4 8割仕事を見つけて効率化する

仕事には完璧を求められるものとそうではないものがあります。また、完璧な状態をそもそも定義できないものもあります。お金の管理などは完璧を求められる仕事に分類されますが、事務連絡の文書作成は、必要なことが伝われば体裁などにこだわる必要はなく、文書としての完璧さを求める必要はありません。また、企画書の作成など、完璧な状態を定義できないものも投入時間と成果が比例しません。

このような、完璧を求められない業務や完璧を定義できない業務は、思い切って仕事の投入時間を8割にした場合でも品質に大きな差は出ません。2週間の業務の記録の中で、予定していた所要時間より実績の所要時間が2倍以上であったものがあれば、8割仕事にできないかを検討します。8割仕事かどうかを判断する方法は、その業務の成果物の完璧な状態を言語化してみて、明確に言語化できなければ8割仕事の候補です。また、言語化はできたが、その完璧な状態を達成しなかった場合に誰がどのように困るのかを具体的に考え、誰も困る人がいないのであれば8割仕事の候補と判断できます。

原理原則

「モチベーション」をコントロールしたい！

学校法人軽井沢風越学園
木村彰宏

Point 1 「なぜやるか」の目的を確認する

その仕事をなぜやるか，その仕事が何につながっているか，ご自身の中で言語化・腹落ちすることが，行動の第一歩です。

Point 2 自分にとって適切な目標を設定する

どこ（どんな状態）を目指すか，ご自身の中ではっきりイメージすることで，やるべきことが見えてきます。

Point 3 ゴール（目標）までの道筋を明確にする

ゴールまで，どんな道のりをどう歩むのかが明確になると，具体的な行動を設定しやすくなります。

Point 4 ワクワクするご褒美を設定する

設定した目標を達成したら，自分にどんなご褒美をあげますか？　ワクワクするご褒美が，モチベーション管理の一助になります。

Point 5 ロールモデルを見つける

周囲の環境に流されず，モチベーションが高いロールモデルを見つけ真似をすることが，モチベーションの維持につながります。

Point 6 疲れたら思い切って休む

疲れたときやモチベーションが上がらないときは，ダラダラと働くのではなく，思い切って休み心身の状態を整えることが大切です。

Point 1 「なぜやるか」の目的を明確にする

もし今、あなたが仕事へのモチベーションが下がっているとして、ご自身の中で「その仕事をなぜやるか」「その仕事が何につながっているか」といった目的は明確になっているでしょうか?

目の前の仕事が自分にとってどんな意味があるか、自分の今後を考えたときにそこへどのようにつながっているか。そういった「なぜやるか」の目的が明確になっていると、モチベーションは上がりやすいですし、その逆もまた然りです。

もちろん、中には一方的に押しつけられたという、中々自分にとっての目的を明確にしづらい仕事もあるかもしれません。

そんなときは「あえて紐づけるなら…」などと問いを立てて、意味を考えてみるのも1つです。また、自分1人で目的を考えるのが難しいときは、その仕事への解像度が高いはずの上司や先輩に、相談して意見をもらってみるのも参考になるでしょう。

「仕事へのモチベーションが上がらない…」というときは、まずここに立ち返ってみてください。

Point 2 自分にとって適切な目標を設定する

あなたは、ご自身が取り組んでいらっしゃる仕事への「ゴールイメージ」は明確にもてているでしょうか?

例えば仕事を山登りで例えてみると、「3キロ痩せて、好きな子へ告白する勇気をもつために山を登る」「山を登ることを通して、友人たちと仲良くなる」などが、ポイント1であげた「なぜやるか」の目的になります。

一方で、目標とは、「お昼までに、頂上に到着する」「おすすめスポットを3か所めぐり、友人と映える写真を撮る」など、具体的にどんな状態を目指すかというゴールイメージが明確な状態を指します。

「とりあえず歩こう」「疲れるまで歩こう」など、目標が明確ではない状態では、(山登りの場合は、それが楽しい人もいるかもしれませんが)見通しがもてずに苦しくなることが多いですし、結果、モチベーションも低下してしまいます。まずは、仕事におけるゴールイメージを明確にし、「どこまでいくか」「どんな状態を目指すか」という具体的な目標を設定するのが、モチベーションを高める第一歩になります。

目標についてもう少しだけ紹介すると、モチベーションが高まるには、設定した目標が自分にとって適切なものになっている必要があります。自分にとって、優しすぎても、難しすぎても、モチベーションは下がってしまいます。

あなたが向き合っている仕事には、具体的な目標が設定されているでしょうか？ その目標は、あなたにとってちょうどよいチャレンジレベルの目標でしょうか？

是非一度、見直してみてください。

Point 3 ゴール（目標）までの道筋を明確にする

「なぜやるか」「どんな状態を目指すか」が明確になっているとしたら、「どんな方法や道筋で目標まで向かうか」についてはいかがでしょうか？

ポイント2と同じく仕事を山登りで例えた際に、「どうやって登るか」「どんな道筋で登るか」「登る際にどんな道具（リソース）を活用できるか」等、方法や道筋、使える道具（リソース）が明確になっているとモチベーションにつながりますし、そこが曖昧だとモチベーションは下がっていきます。これは仕事も同じです。

仕事における目的や目標が明確になったら、是非、どんな道筋でその目標を達成するのか、その際にどんなリソース（仕事で言えば、人・情報・お金・時間など）を活用することができるのかを考えてみてください。

いつまでに何をする必要があるか、そこに向かうためにどんなリソースを活用することができるかなどが見えてくると、「まず何をするか」という、具体的なアクションが明確になっていきます。

・なぜやるか（ポイント1）
・どんな状態を目指すか（ポイント2）
・どんな方法や道筋で目標まで向かうか（ポイント3）

ここまでが決まると、モチベーションはグッと上がりやすくなります。

Point 4 ワクワクするご褒美を設定する

仕事をこなした先に、どんなご褒美が待っていると、あなたはワクワクしますか？

好きな映画を見る、やりたいゲームが2時間できる、行きたかった美術館へ行ける、食べたかったスイーツを食べられる、などなど…。

人には内発的動機づけ（内面に沸き起こっている興味・関心や意欲に動機づけられている状態のこと）と外発的動機づけ（金銭や食べ物、名誉など外部からの働きかけによる動機づけ）があると言われています。

もちろん、仕事をこなすこと自体への内発的動機づけがあるに越したことはないですが、長い社会人生活、全ての仕事に内発的動機をもつのは中々難しいのではないかと思います。そんな時は是非、「この仕事が終わったら、○○できる」と、自分がワクワクするご褒美を設定することで、モチベーションをコントロールしてみてください。

Point 5 ロールモデルを見つける

あなたには「あの人のようになりたい」「あの人の働き方を真似したい」というロールモデルはいますか？

モチベーションが低下してしまう要因の1つに、周囲の環境がそうさせているという可能性があげられます。具体的には、周囲にいらっしゃる方のモチベーションが低く、それに引っ張られてしまうなどです。

人は、環境との相互作用の中で、良くも悪くも変化していく傾向があります。モチベーションを保ち仕事を前に進めたいのであれば、モチベーションを保って仕事をしているように見える方や、「あの人のようになりたい」と思えるロールモデルを探して環境の1つとしてなるべく近くにいるようにしてみましょう。例えばその方のＳＮＳ等での発信を見てみること、書籍等を読んでみること、可能ならその方と話をしてみることなどが、モチベーションを向上させるきっかけになります。

Point 6 疲れたら思い切って休む

疲れているとき、モチベーションが上がらないときに限って、ダラダラ仕事をしてしまうことはありませんか？

心身の状態が好ましくない状態で仕事に取り掛かると、細かなミスが増えます。また、そんな細かなミスやそれによる周囲からの反応にまたモチベーションが下がってしまうなど、負のループに陥ってしまうことがあります。

「疲れているな」と感じたら、思い切って半日や1日、休む日をつくってみてください。そしてその時間は、好きなことをして過ごしましょう。

そうやってストレスコーピング（ストレスの要因にうまく対処しようとすること）を行うことで、モチベーションをコントロールし、また前を向いて仕事に取り組むことができます。

教材研究

国語（物語文）の教材研究の質を高めたい！

神奈川県川崎市立はるひ野小学校
土居正博

Point 1　1人の読者として読んだ率直な感想を書き残しておく

まずは，1人の読者として教材文を読みます。そして，率直な感想を書き残しておきます。教材研究に行き詰まったときや練りすぎて逆に混乱してきたときに，この率直な感想を見返すようにします。すると，道が開けてくることが多くあるからです。担任した年度に改めて感想を書くと自分の読みの変化もわかりやすいです。

Point 2　物語の設定を中心に確認しながら考えや問いを書いていく

次に，授業を構想するため，教材の解釈を深めていきます。物語の設定（人・時・場）を確認しながら，あらすじを押さえつつ，カギとなる叙述を書き出したり，叙述から考えられることや問いを書き込んだりしていきます。叙述同士のつながりを見いだし，矢印等で図示していくようにします。

Point 3　見いだされた問いを読みのレベルごとに整理する

これまでの過程で見いだされた問いを読みのレベルごとに整理していきます。読みのレベルは，井上尚美（2005）の，「事象認識」「関係認識」「認識の拡充・深化」を用いています。このように問いをレベル別に分けておくことで，読みのレベルを徐々に高めていくような，無理のない単元構想ができるようになります。

【参考文献】井上尚美『国語教師の力量を高める』（明治図書）

Point 1 1人の読者として読んだ率直な感想を書き残しておく

素材研究は、教師が物語を1人の読者として読むところから始まります。教師としての目線で教材を読む時間が増えれば増えるほど、この率直な感想を忘れていってしまうものです。そうすると、子どもの読みとかけ離れていきます。「教えたいことがありすぎて小難しい授業になってしまう」「先生だけが盛り上がって子どもは飽き飽きしている」という授業に陥る危険性が高まります。そうなりそうなときは、はじめて読んだときの率直な感想を見直すようにしましょう。道が開けていきます。定番教材などは何度も教材研究をすることになりますが、そのたびにはじめに感想を書くようにします。教師自身も人生経験を重ね、読みが変化するのがおもしろいです。

ノート実物をチェック！

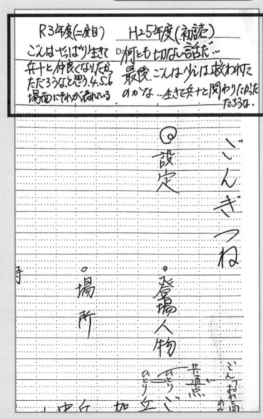

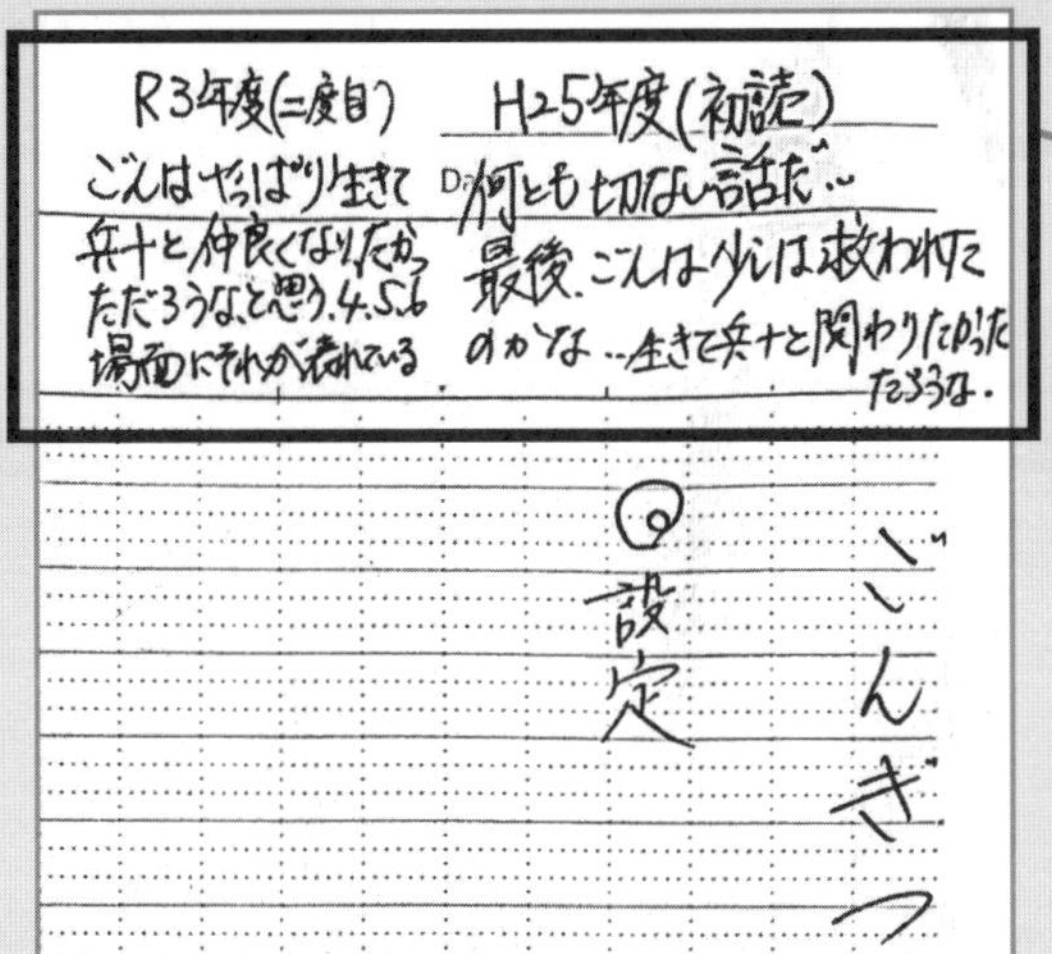

1人の読者として読んだ率直な感想をページの冒頭に書き記しておきます。そうすることで、自分の率直な感想を忘れずに授業構想していくことができます。授業をするのが複数回目でも、改めて感想を書いておくようにしています。

Point 2 物語の設定を中心に確認しながら考えや問いを書いていく

教材文を細かく分析していく際は、物語の設定（人・時・場）を中心に進めていくとやりやすいでしょう。

登場人物は、中心人物や視点人物を確かめ、人物像を中心に進めていきます。カギとなる叙述は抜き出して書いておきます。

場所は図示しておくとよりイメージが湧きます。例えば、「ごんぎつね」では兵十の家を図でかいておくと最終場面でのごんの行動の意図を探るのに役立ちます。必要だと思われる場合はかいておきましょう。

時は、物語の流れを確かめるのに役立ちます。時と主要な出来事を確かめていき、最後に場面をまとめるとよいです。

いずれの段階でも、確かめる中で出てきた考えや問いを書き残しておきます。

ノート実物をチェック！

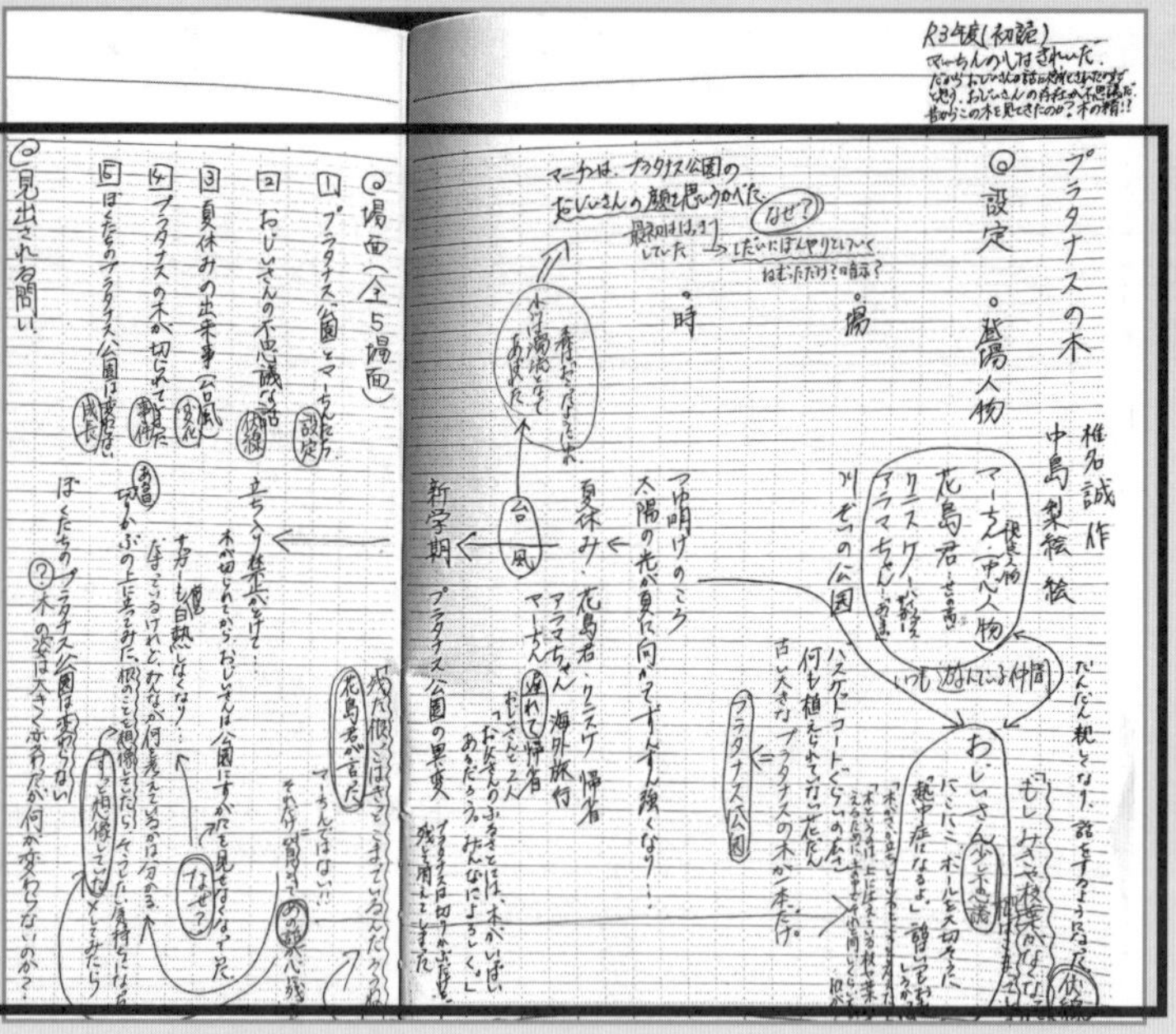

設定（人・時・場）を中心に分析を進めていきます。これらは物語を進めるうえでの「基礎」であり，時にはカギとなっている場合もあります。気になる言葉を丁寧に書き出しつつ，浮かんできた考えや問いを書き残しておきます。また，叙述のつながりを見つけ，矢印等で図示していくようにしましょう。

Point 3 見いだされた問いを読みのレベルごとに整理する

これまでの過程で見いだされてきた問いは、そのままでは使えません。子どもたちの読みの深まりに合わせて配列しなければならないからです。そうしないと、まだ読みが浅いのに深い思考の求められる問いを出してしまいたくさんの子が置いていきぼりになったり、逆に読みが深まってきているのにわかりきった問いを出して白けさせてしまったりします。

読みのレベルの基準には、井上尚美（2005）を用い、「書かれていることを読む（事象認識）」→「書かれていること同士の関係を読む（関係認識）」→「書かれていることから書かれていないことを推論する（認識の拡充・深化）」の3つに分けています。

ノート実物をチェック！

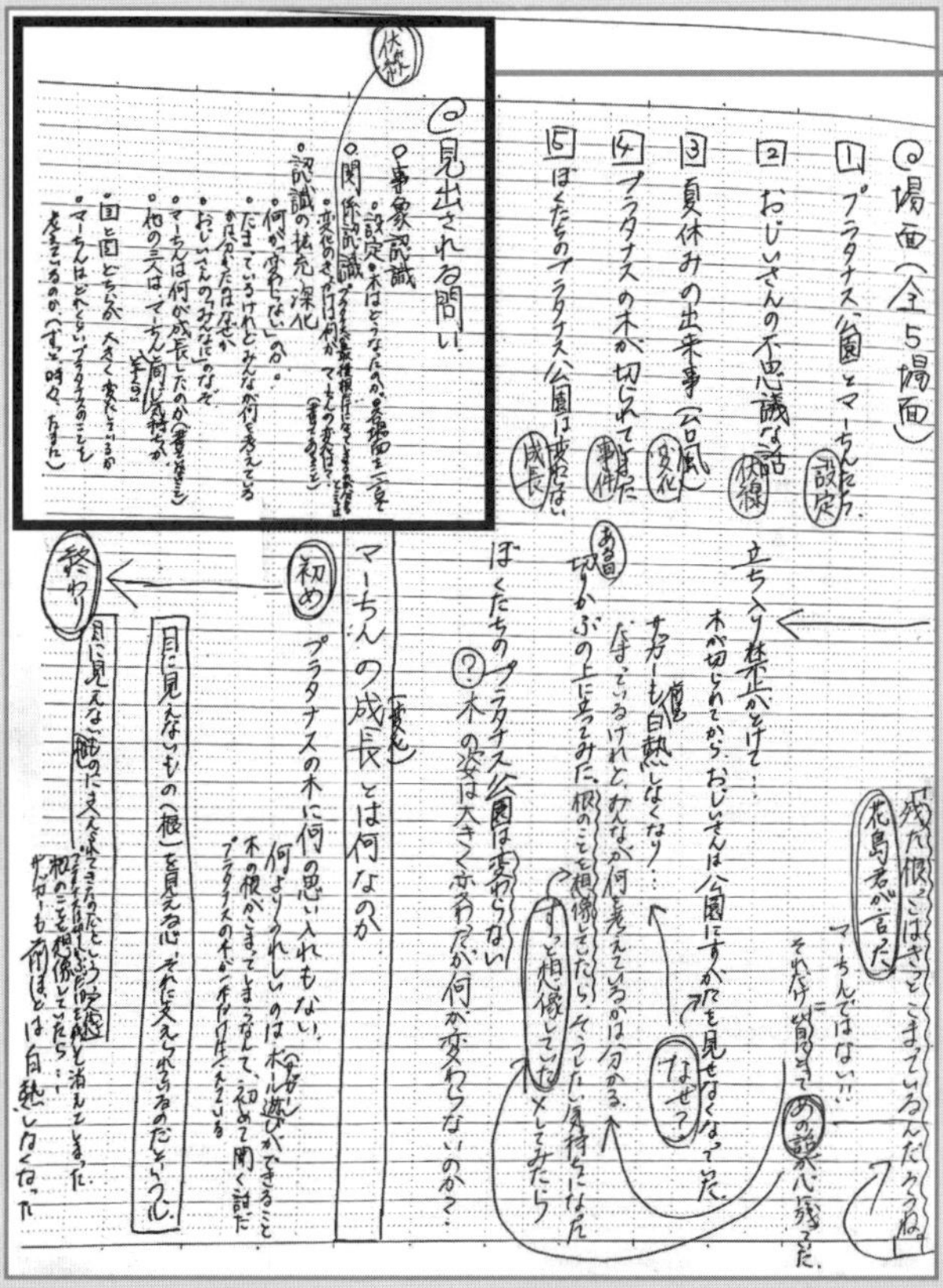

見いだされた問いを物語の場面ごとなどではなく、読みのレベルごとに分けます。そうすることで、子どもたちにとって無理のない単元構想ができるようになります。授業では、子どもの実態に合わせて取捨選択していくようにします。

国語（説明文）の教材研究の質を高めたい！

東京都八王子市立第三小学校
沼田拓弥

Point 1 真っ新な教材を準備し，ゼロから思考をスタートする

新しく教材研究を行う際には，必ず何も書かれていない真っ新な教科書をコピーします。たとえ，これまでに扱ったことのある文章でも，過去に使った教科書のコピーは使いません。新鮮な「今の自分の感覚」を大切にしています。教材研究をしながら自身の視野の広がりや成長を感じることができる部分もこの方法をおすすめするポイントです。

Point 2 構造と内容を合わせて，教材分析を行う

説明文指導では，特に中学年以上で文章構造を意図的に扱いますが，これを単独で扱うのではなく，構造「と」内容を組み合わせることを意識します。単なる「理解」を目的とするのではなく，理解を突き抜けた先にある子どもたちの創造的な「表現」を目指して授業づくりを行います。この教材分析の視点が板書計画につながります。

Point 3 板書計画は写真に直接書き込んでイメージする

板書は子どもたちの学びを深化させる重要な学習ツールの１つです。板書には，教材研究のエッセンスがギュッと凝縮されます。指導案では図を用いて提示されることが多いですが，普段の板書計画は教室の黒板を写真に撮ったものをデータ化し，そこに書き込む形で計画しています。板書写真の下には，授業展開の勘所をまとめます。

Point 1 真っ新な教材を準備し、ゼロから思考をスタートする

自分の思考は常にアップデートされています。過去の実践や教材研究ノートは参考になりますが、基本的には毎回、真っ新なゼロの状態で説明文と向き合います。「今」の問題意識や教材を見る目を大切にし、目の前の子どもたちにぴったりの授業プランを考えています。

もし、過去の教材研究を参考にするのであれば、一通り計画を立ててから比べてみると「自分の変化」を感じられてよいと思います。

書き込みは、「既習事項」「本単元で身につけさせたい力」はもちろん、読み手として純粋に気になった部分も「つぶやき」として教材に書き込みます。このつぶやきが意外な発問につながることもあります。

ノート実物をチェック！

「すがたをかえる大豆」（光村図書3年下）の教材研究です。教材のコピーへの書き込みをベースにしながら、単元全体に関わる基本事項を整理します。これまでの学びとこれからの学びを比較する形でまとめると指導内容がはっきりと見えてきます。

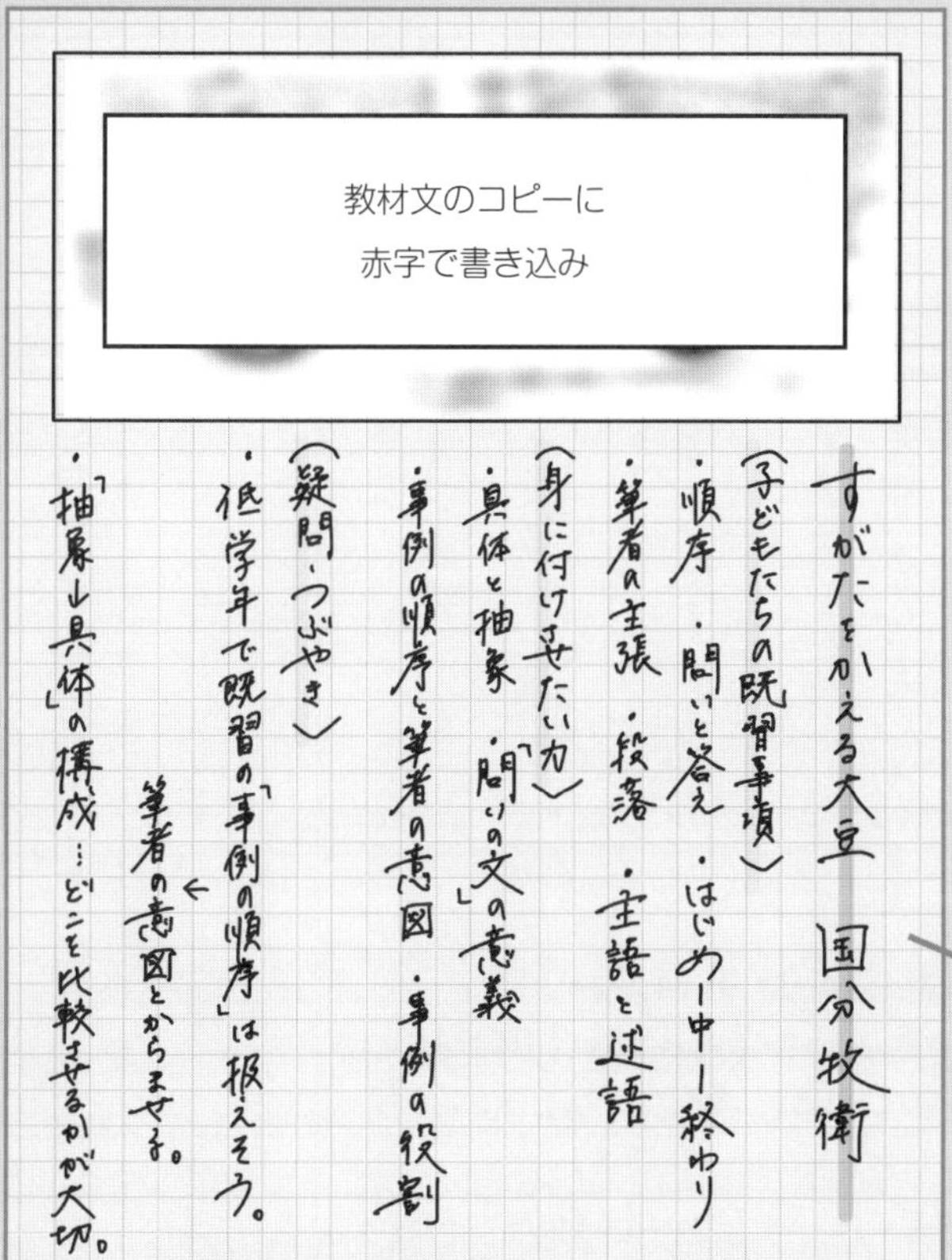

教材文のコピーに
赤字で書き込み
すがたをかえる大豆　国分牧衛
（子どもたちの既習事項）
・順序　・問いと答え　・はじめ－中－終わり
・筆者の主張　・段落　・主語と述語
（身に付けさせたい力）
・具体と抽象　・「問いの文」の意義
・事例の順序と筆者の意図　・事例の役割
（疑問・つぶやき）
・低学年で既習の「事例の順序」は捉えそう。
← 筆者の意図とからませる。
・「抽象↓具体」の構成…どこを比較させるかが大切。

Point 2 構造と内容を合わせて、教材分析を行う

説明文の学習では、構造は構造、内容は内容と別々に扱われがちです。「はじめ・中・終わり」や「段落相互の関係」といった学習用語が扱われるため、文学教材に比べ、文章構造に意識が向きがちになります。しかし、これらを別々に扱うと「確認」の授業になりがちです。構造や内容をただ「確認」するだけでなく、各々を関連づけることで読み手の解釈がより立体的になる教材分析を心がけています。

構造のフレームが頭の中にイメージできると、筆者の意図（事例の順序、図や表の扱い、問いと答えの関係等）が見えてきます。この筆者へと向かう読みの構築こそ説明文教材の学びの醍醐味です。

ノート実物をチェック！

「すがたをかえる大豆」は事例列挙型の文章です。また、「問いの文がない」といった構造上の特徴があります。授業で扱えそうな学習課題の案もすべて書き出しておきます。単元の組み立て（配列）は、思考の広がりから深まりへと向かうことを意識しています。

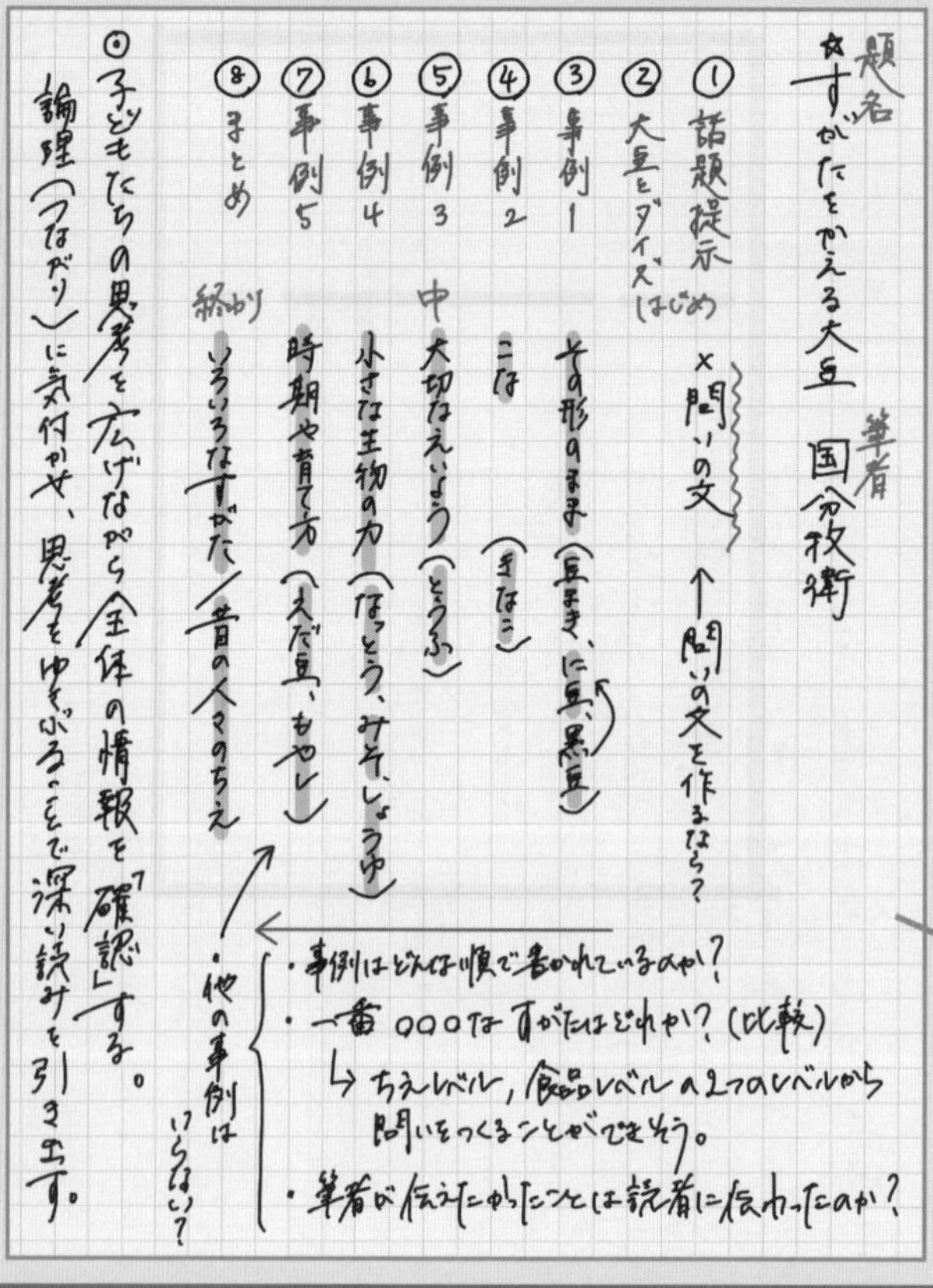

題名 ☆すがたをかえる大豆　筆者 国分牧衛
① 話題提示　×問いの文　← 問いの文を作るなら？
② 大豆をダイズ　はじめ
③ 事例1　その形のまま（豆まき、に豆、黒豆）
④ 事例2　こな（きなこ）
⑤ 事例3　中　大切なえいよう（とうふ）
⑥ 事例4　小さな生物の力（なっとう、みそ、しょうゆ）
⑦ 事例5　時期や育て方（えだ豆、もやし）
⑧ まとめ　終わり　いろいろなすがた／昔の人々のちえ
・事例はどんな順で書かれているのか？
・一番○○○なすがたはどれか？（比較）
→ ちえレベル、食品レベルの2つのレベルから問いをつくることができそう。
・筆者が伝えたかったことは読者に伝わったのか？
・他の事例はいらない？
⊙子どもたちの思考を広げながら全体の情報を「確認」する。
論理（つながり）に気付かせ、思考をゆさぶることで深い読みを引き出す。

Point 3 板書計画は写真に直接書き込んでイメージする

これまでは教科書をコピーした紙に書き込みをしながら教材研究を行うのが私のスタイルでした。しかし、最近はiPadのデジタルノートを活用して行っています。そのデジタル化の恩恵を受ける部分の1つが「板書計画」です。

教室の黒板の写真をiPadに取り込み、その写真に直接書き込みをすることで授業さながらの板書をつくることができます。また、デジタルであれば何度でも、気軽に修正が可能です。よりリアルに近い形で板書を考えることをおすすめします。

私は、自身が提唱している「立体型板書」10のバリエーションを基盤に、下の写真のような、子どもたちの思考プロセス（軌跡）の可視化を意識した板書計画を立てています。

ノート実物をチェック！

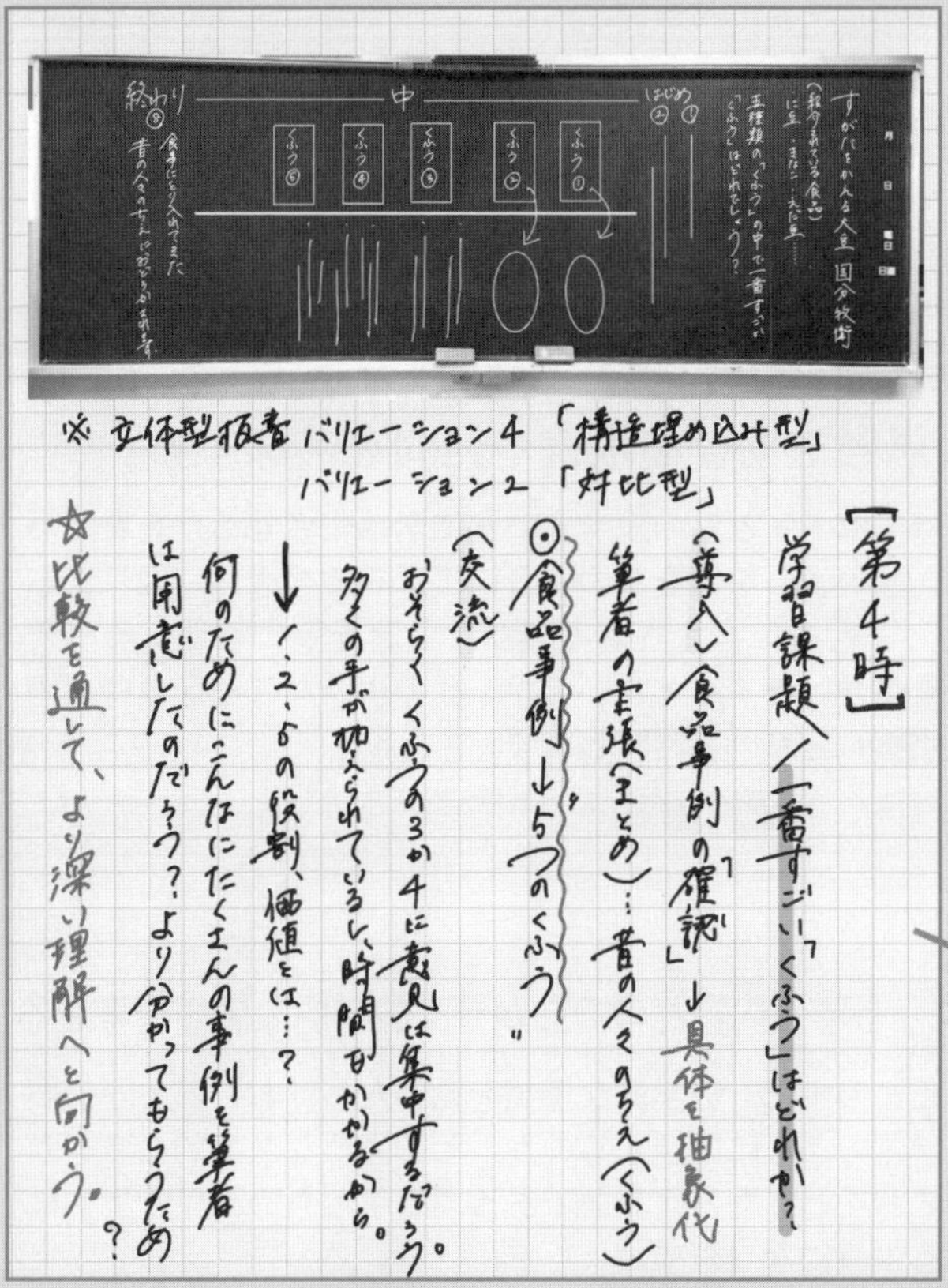

授業中の子どもたちの思考の流れを意識しながら可視化するための手立てをまとめます。予想される子どもたちの発言も書き出します。

※「立体型板書」の詳細は、拙著『「立体型板書」の国語授業』（東洋館出版社）等を参考にしてください。

算数の教材研究の質を高めたい！

筑波大学附属小学校
盛山隆雄

Point 1 子どもに何を考えさせるかを吟味し，反応を予想する

数学的に表現された問題の中で，どの部分をぐっと掘り下げて子どもに考えさせるべきか吟味することが必要です。いわゆる「焦点化された問題」です。多様性が生まれ，ねらいに迫ることができる問題であることが条件となります。そして，子どもの反応を予想します。後で実際の授業の子どもの反応と比較することで，子どもを知り子どもから学ぶことが大切なのです。

Point 2 子どもの思考を助ける板書や発問を吟味する

教材研究をする際には，子どもの思考をいかに活性化させるかを考えることが必要です。どのような図をどのように提示するべきか。図はこちらから出すのか，子どもに考えさせるのか。数値を表に整理するべきか。どのような言葉かけをするとよいのか。このようなことを教材の内容や授業展開と照らし合わせて吟味します。

Point 3 既習やこれから学ぶ内容とのつながり，数学的な価値を考える

子どもの考えることの中に，数学的な価値を見いだしておくことが必要です。この先の学習のどこに関連するのか，どのような数学的な意味があるのかを知っておくと，たとえ誤答であっても子どもの考えを大切にすることができるようになります。

Point 1 子どもに何を考えさせるかを吟味し、反応を予想する

ここで紹介する教材研究ノートは、長方形の紙を半分、半分…と折っていったときの折り目の本数を問題にしています。1回折ったら1本、2回折ったら3本と折り目ができます。おもしろいのは3回折ったときで、折り目の本数は7本に増えます。

教材を吟味した結果、3回折ったときの折り目の本数をメインに考えさせました。折る前に予想させるとおそらく5本と考える子どもが多くなりますが、それ以外にももっと多様な考えが現れると予想しました。どんなに考えが発散しても、実際に折って確かめると収束させることができます。

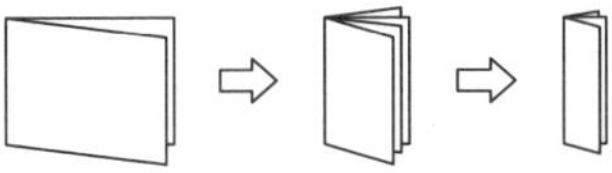

ノート実物をチェック！

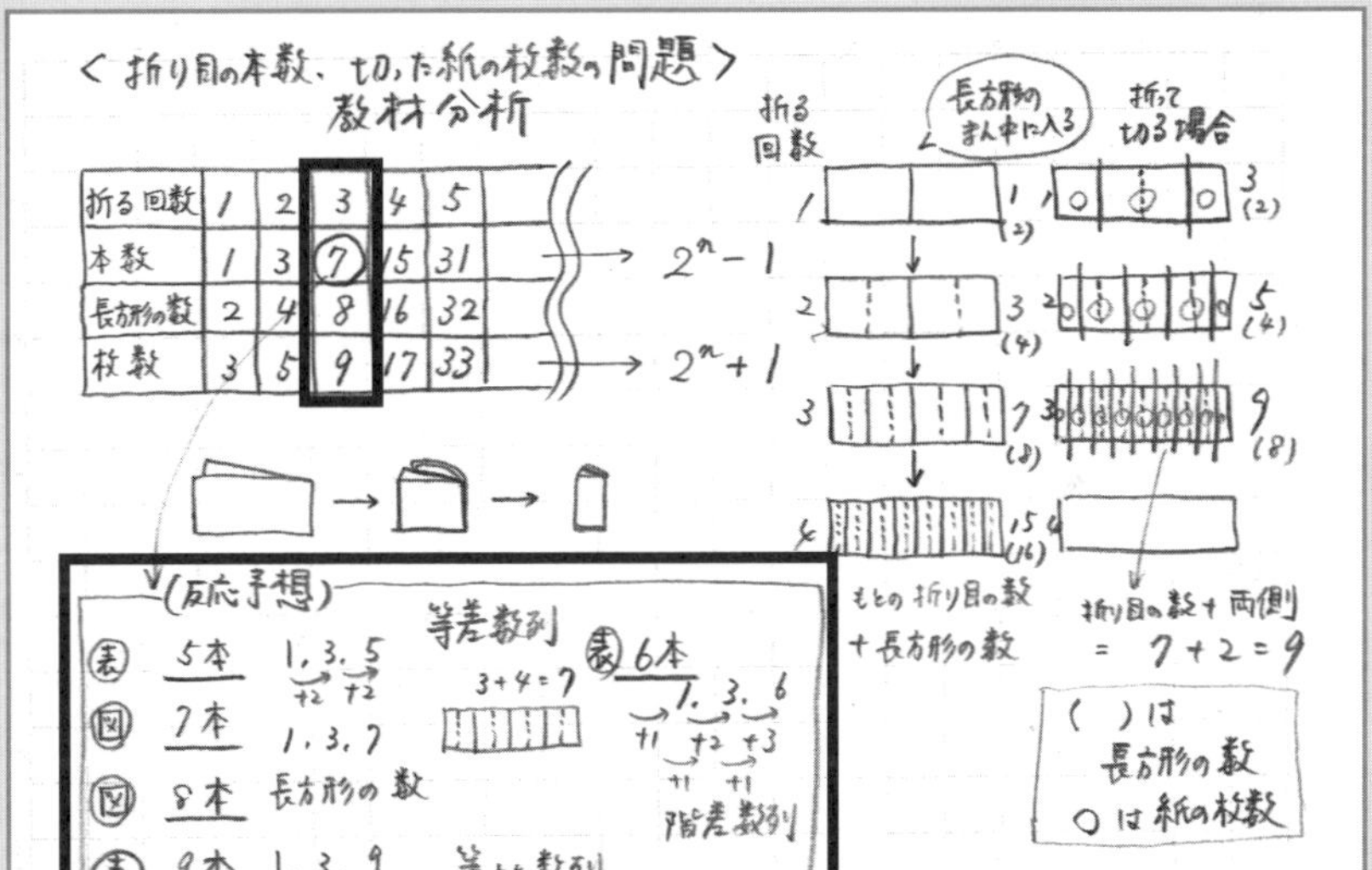

長方形の紙を3回折ったときの折り目の本数を予想させるところから子どもに考えさせることにしました。多様な反応が出ることが予想でき，それぞれの予想に価値ある理由・根拠が生まれると推察できたからです。多様な考えを吟味することで，きまりの本質に迫れると判断しました。

Point 2 子どもの思考を助ける板書や発問を吟味する

折り目の本数を考えるときに、子どもは何を手掛かりにするのでしょうか。

1つは、それまでの結果（データ）です。1回折ったときは1本、2回折ったときは3本、3回折ったときは7本。この結果（データ）からきまりを見つけようとします。ということは、数値を表に整理することが大きなヒントになります。そのときに、同じように増加する長方形の数が折り目の本数を考える際の重要な視点になるので、どのように長方形に気づかせるかを吟味して表に表しました。

もう1つは、折り目の本数が増える様子を図に表すことです。長方形を縦に並べることで、折り目がどのように増えているのかを比較しながら捉えることができます。

ノート実物をチェック！

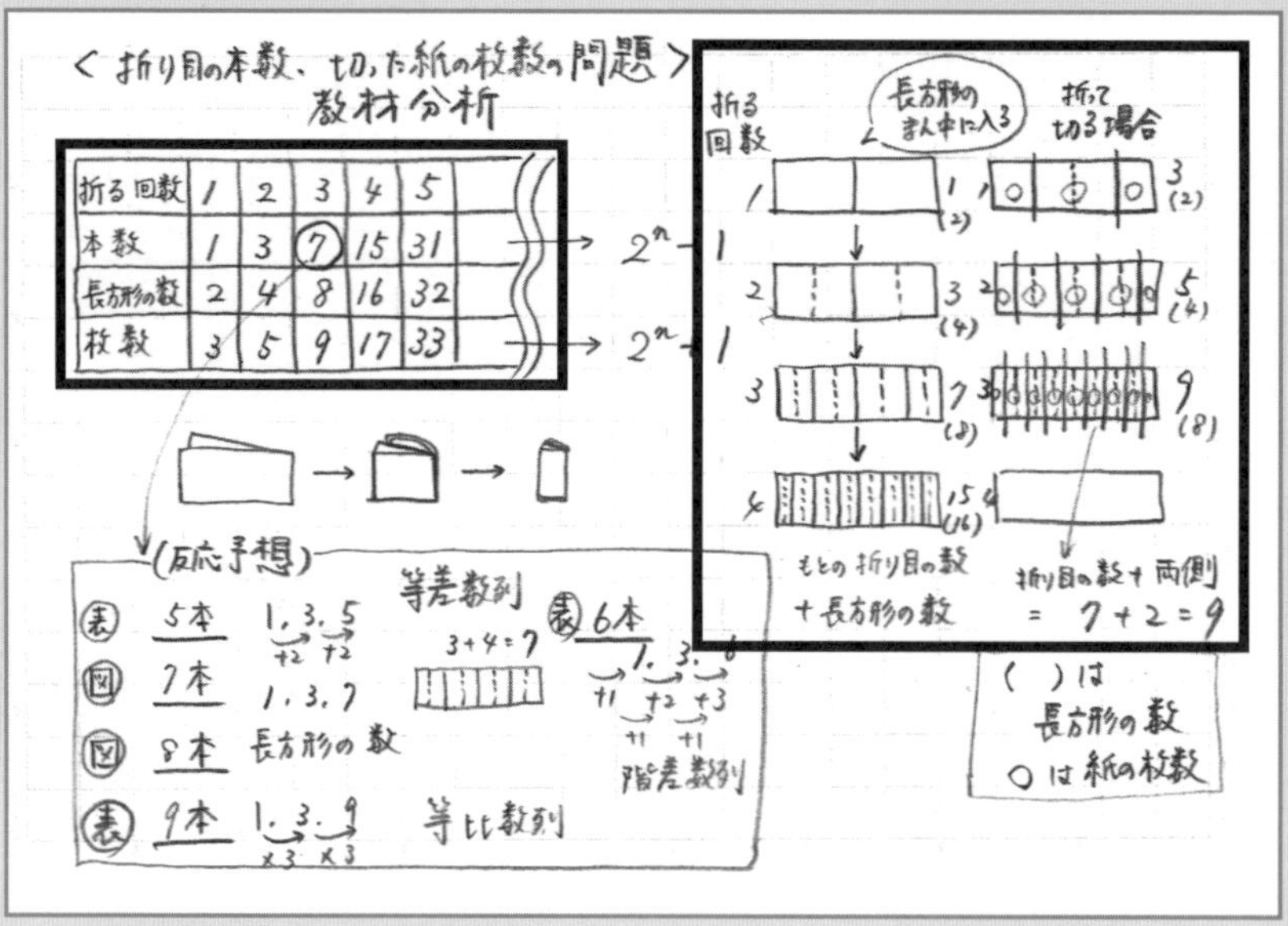

折る回数と折り目の本数だけでなく，長方形の数も表に整理するかどうかについて，この教材研究ノートでは検討しています。結局，長方形の紙を1回折ったときに，「何の数が増えたかな」と問い，子どもが「折り目の数」，「長方形の数」と言ってくることを生かして，折り目の数も長方形の数も取り上げる展開にしました。

Point 3 既習やこれから学ぶ内容とのつながり、数学的な価値を考える

長方形の紙を3回折ったときの折り目の本数を子どもが予想すると、多様な結果が現れるでしょう。正解は1つであり、ほとんどは間違いですが、そのときの理由・根拠には、数学的な価値があると考えます。例えば、等差数列、等比数列、階差数列、図による考察などです。子どもの多様な予想の中に数学的な価値を見いだしておくことは、教材研究として重要になります。本問題では間違いであったとしても、本単元内で、または上学年で、または中学や高校の授業でいずれ出合う数学を、子どもたちは感覚的に見いだしているのです。

私たちが子どもから学ぶとはこういうことです。子どもをリスペクトし、子どもの中にある数学を見いだしていきましょう。

ノート実物をチェック！

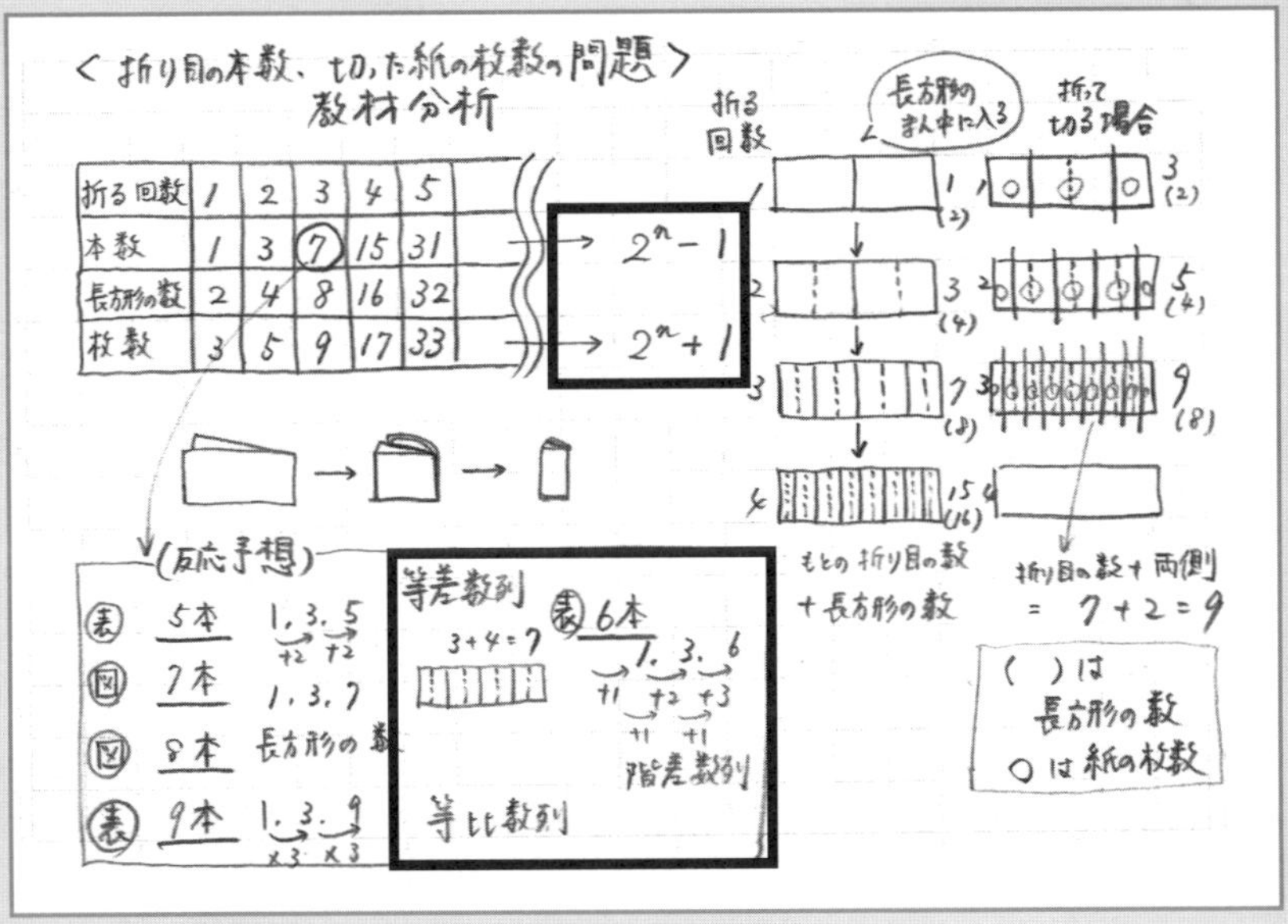

本教材の本質は，折った回数を n 回とすると折り目の本数を「2^n-1」で求められることです。「2^n」は長方形の数のことで，「折り目の本数＝長方形の数－1」で求められるので「2^n-1」の式になります。そのことを知ったうえで，折り目の本数の変化の様子を多様に考える子どもの表現を数学的に価値づけておくことが大切です。

社会の教材研究の質を高めたい！

東京都世田谷区立代沢小学校
横田富信

Point 1 学習指導要領の解説の把握からスタートする

効率よく情報収集するには，単元の方向性を決めておくことが大切です。そのために，学習指導要領の解説から「目標」と「内容」を把握します。①「理解」に関わる箇所，②「調べること」，③「思考」に関わる箇所，④「態度」に関わる箇所，以上の４つを図に整理します。

Point 2 見方・考え方に沿って情報を整理する

取材や書籍，インターネットなどで集めた情報を「教材分析表」に整理します。横軸に「調べること」，縦軸に社会的事象の見方・考え方に関わる「時間的」「空間的」「相互関係的」な視点を配置します。この表に情報を当てはめることで，より本質的な教材理解につながります。

Point 3 教材研究を基に学習活動を書き出す

「教師の教材理解」を「子どもから見た教材理解」にしていきます。そのために，ウェビングで学習活動を書き出していきましょう。中心に教材名を書き，そこから線を広げ，考え得る学習活動を書き出します。そして，それらの活動を支える要素をつけ加えていきます。

Point 1 学習指導要領の解説の把握からスタートする

社会科の教材研究は「ネタ探し」の印象が強いですが、「単元の方向性」を決めておくと、情報収集を効率よく行えます。

単元の方向性を決めるには、まずは学習指導要領の解説からその単元に関わる目標と内容を読み取ります。

私の手順は次の通りです。

①「理解」に関わる箇所を抜き出す。

②「調べること」を「〜に着目して」の箇所から抜き出す。

③「思考」に関わる箇所を抜き出す。

④学年ページの冒頭にある「目標」から「態度」に関わる箇所を抜き出す。

これらのつながりを図化することで、その単元の方向性が明確になります。このようにすると教材研究における情報収集の効率性を高めることができるでしょう。

ノート実物をチェック！

この単元では、下段①から⑤について調べます。そして、それらを関連づけたり、市の変化と生活の変化を結びつけたりして「どのような市になってきたか」を理解できるようにしていきます。この理解が市の発展を考える土台となります。

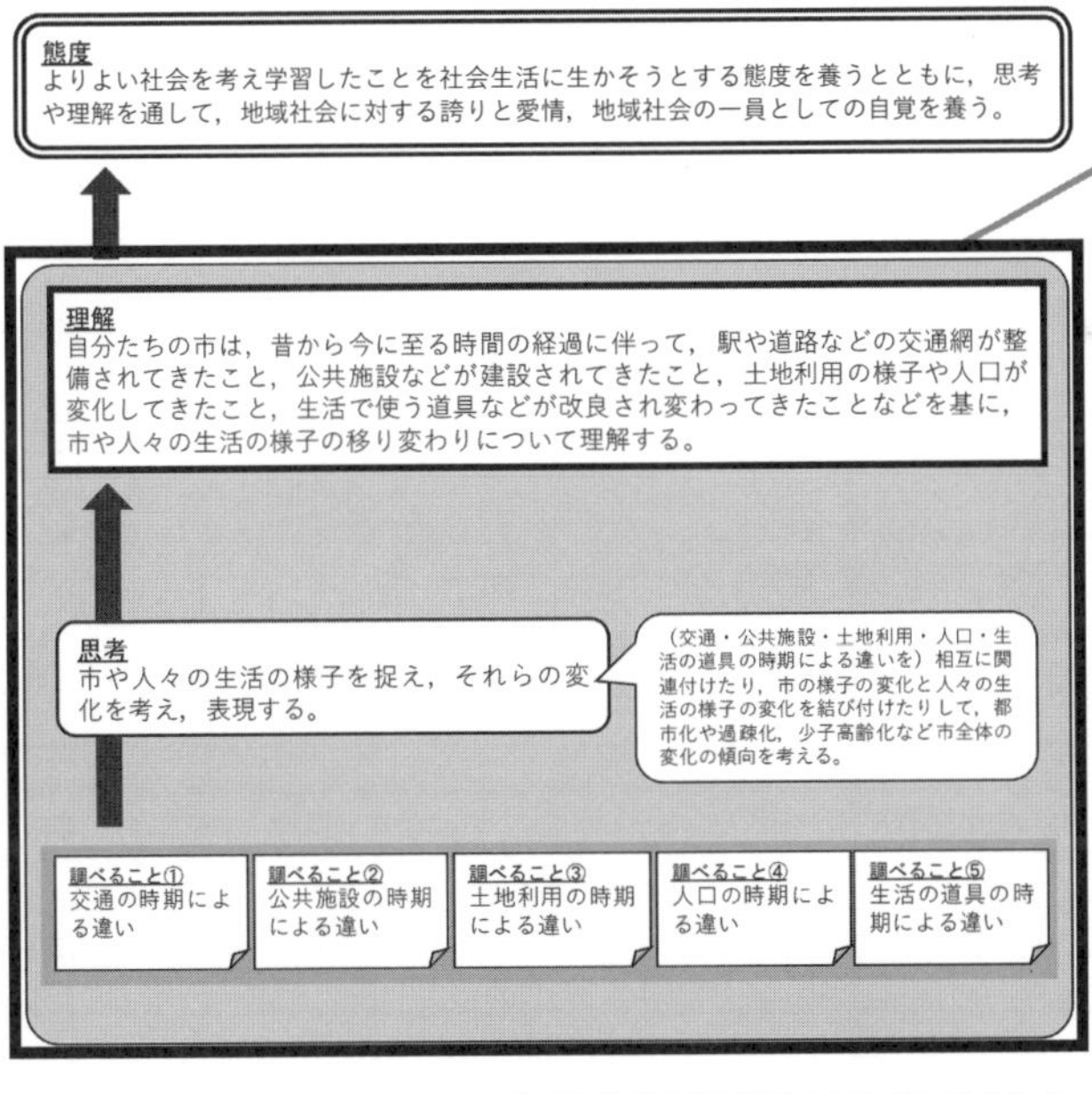
態度
よりよい社会を考え学習したことを社会生活に生かそうとする態度を養うとともに，思考や理解を通して，地域社会に対する誇りと愛情，地域社会の一員としての自覚を養う。
理解
自分たちの市は，昔から今に至る時間の経過に伴って，駅や道路などの交通網が整備されてきたこと，公共施設などが建設されてきたこと，土地利用の様子や人口が変化してきたこと，生活で使う道具などが改良され変わってきたことなどを基に，市や人々の生活の様子の移り変わりについて理解する。
思考
市や人々の生活の様子を捉え，それらの変化を考え，表現する。
（交通・公共施設・土地利用・人口・生活の道具の時期による違いを）相互に関連付けたり，市の様子の変化と人々の生活の様子の変化を結び付けたりして，都市化や過疎化，少子高齢化など市全体の変化の傾向を考える。
調べること① 交通の時期による違い
調べること② 公共施設の時期による違い
調べること③ 土地利用の時期による違い
調べること④ 人口の時期による違い
調べること⑤ 生活の道具の時期による違い

＜小学校学習指導要領解説社会編を基に筆者作成＞

図1　3年「市の様子の移り変わり」での目標と内容

Point 2

見方・考え方に沿って情報を整理する

単元の方向性が見えてきたら、取材や書籍、インターネットなどで情報を集めます。こうして集めた情報を、私は下のような表に整理しています。

この表は、学習指導要領の解説を基につくります。前ページの「調べること」を横軸に、社会的事象の見方・考え方に関わる「時間的」「空間的」「相互関係的」な視点を縦軸に配置します。そして、この表に集めた情報を当てはめていきます。

こうすることで、1つの社会的事象について詳しくなるだけでなく、その事象の意味や働きも見えるようになります。つまり、表面的な教材理解から、より本質的な教材理解へと高めていくことができるのです。

ノート実物をチェック！

表1　教材分析表

理解目標
○自分たちの市は，昔から今に至る時間の経過に伴って，駅や道路などの交通網が整備されてきたこと，公共施設などが建設されてきたこと，土地利用の様子や人口が変化してきたこと，生活で使う道具などが改良され変わってきたことなどを基に，市や人々の生活の様子の移り変わりについて理解する

調べること	交通の時期による違い ・市内の鉄道や主要な路などが整備される や整備された後の市 様子，及び現在の市 様子	公共施設の時期による違い ・自分たちの学校や中央図書館，公民館などの公共施設が建設された頃と現在の市の様子		地利用の時期による違 大きな団地などの住宅開発や工業団地の建設など，大きく変わった市の土地利用の様子	人口の時期による違い ・現在に至るまでに増加したり減少したりして変化してきた市の人口	生活の道具の時期による違い ・電化製品が普及する前と普及した後，及び現在の生活の中で使用している道具の使い方や生活の様子
時間	・明治40年（1907 に玉川電気鉄道 大正2年（1913 に京王電気軌道 作られた。 ・大正12年（1923 に目黒蒲田電鉄 昭和2年（1927 に小田原急行 道、東京横浜電鉄 帝都電鉄が作ら た。 ・大正末から昭和 期にかけてバス 新しい交通機関 して登場した。	・明治5（1872）年に学制が発布。明治6（1873）に公立小学校が開校。 ・大正時代は学校が少ないが昭和の終わりころには現在と同じくらいの数になっている。	・明治13（1880年）代沢学校が伊東氏の協力によってつくられる。 ・昭和21(1946年)火事で焼失。保護者地域が役所に再建を伝える。 ・R元新校舎スタート。	問：土地の使われ方はどのように変わってきたか 関東大震災前後（1923）の交通網の整備を経て、世田谷に新中産階級が流入し、離農が増加した。 昭和のはじめに東京の都市圏が拡大し、宅地の重要が増加した。	問：人口はどのように変わってきたか ・明治20年（1887）ころから、人口増加の傾向がはっきりしてきた。 ・関東大震災前後（1923）に人口が増加する。 ・戦後、被害の少なかった世田谷への転居が増える。 ・2021年現在93万人である。	問：生活の道具はどのように変化してきたか ・大正時代は荷車で出発し、明け方の取引で現金を得て、帰りの下肥を汲み取っていた。 ・昭和初期は農具が多く用いられていた。その後は、住宅地となり農具は減っていった。
空間	問：鉄道や道路は のように整備さ てきたか ・鉄道は主に東西 整備された。 ・道路は環状七・ 号線を始め南北 整備された。 ・バスは、鉄道の 白を埋めるよう 路線が整備さ た。	・当初は、区の東側に学校があったが、区内にまんべんなく配置されるようになった。	・現在の地にできてから142年。かつて校庭を北沢川が通った。 ・池ノ上や多聞、代田、花見堂小ができ、本校から移った。	鉄道沿線に、土地会社（鉄道会社）が住宅地や教育機関を建設するようになった。（成城学園前、明大前、駒沢大学） 下北沢周辺は駅の建設が契機となり、都市化が進んだ。	・昭和初期に3つの地区から世田谷区が成立した（世田谷町、玉川村、砧・千歳） ・昭和30年頃までに52万人。耕地整理ごとの玉川地区で増加した。 ・高度経済成長期に砧地区で増加した。	・農具は農村地帯に多く見られた。
相互関係	・玉川電気鉄道や 王電気軌道は「 道」として砂利 都心へ運ぶこと 当初の目的とし いた。 ・朝夕に電車・バ で郊外から都心 通勤・通学する 活様式を支える うになった。 ・新しく整備され 道路周辺では「 ちづくり協議会 が開かれ、街並 についての話し いがもたれて る。	問：どのような公共施設が建てられてきたか ・学校は当初、地域住民が費用を出して運営していたが、昭和になり人口が増加し、税金で賄うようになった。 ・児童館や図書館、まちづくりセンターの増加	・M13児童数50名でスタートし、S2荏原群代沢尋常小学校となる。S22世田谷区立代沢小学校と校名変更。 ・S15児童数約1800人、S25年からS33年にかけて1600人程度、その後600人程度で推移する。	鉄道が整備されたことによって、沿線の宅地化が進んでいった。 世田谷の農地は都心への野菜類を供給することを主としていた。農家のSさん。 世田谷への流入を契機に、農地が宅地転換されるようになり（売却）減少。 緑地を33%となるように世田谷区役所は施策を進めている。国分寺崖線の保存。	・明治以降の都心の環境悪化、関東大震災による転居と鉄道沿線の宅地化を勧めたことが要因で人口が増加する。 ・戦後被害が少なく、転入が増える。 ・昭和25〜45年にかけて職業別人口に違いはない（ホワイトカラー60%、ブルーから25〜30%） ・世田谷区の特徴として、1/8が転入・転出する。7/8は定住。	・昭和10年ころ（1935）日曜休みが一般化するようになり沿線にできた遊園地などの行楽地に行くようになった。 ・鉄道会社は沿線に遊園地などの行楽地を整備。新宿・渋谷に大型百貨店が作られるようになり，世田谷の人々はショッピングに行くようになった。 ・明治42年遊園地が建設。 ・電化製品の普及によって生活が便利になった。

例えば、「公共施設の時期による違い」については、数が増えたことだけを捉えるのではなく、「どのように分布が変わっていったのか」ということも捉えるようにします。こうすることで、「公共施設の分布の変化」の意味が明確になります。

Point 3 教材研究を基に学習活動を書き出す

ここまで述べてきたのは教師の教材理解です。この後は「問いづくり」「資料づくり」などを行いますが、ここでは「学習活動」を述べていきます。

まず、中心に教材名を書きます。次にウェビングで考え得る学習活動を書いていきます。そして、その活動に関わる「人・もの・こと」を書き出し、その活動で思考することや、獲得される知識を書いていきます。こうすることで、「教師の教材理解」だったものが「子どもから見た教材理解」となり、子ども主体の展開になります。

以上、私の教材研究方法を述べてきました。より本質を捉えるようにし、子どもの側から単元展開を考えることが教材研究の大切なポイントです。

ノート実物をチェック！

中心から線を引き，学習活動（「聞く」「見学・調査」「（資料で）調べる」「伝える」「会議する」）を書き出します。そこから線を広げ，これらの活動を支える要素を書き出すことで，多様な活動を展開することにつながります。

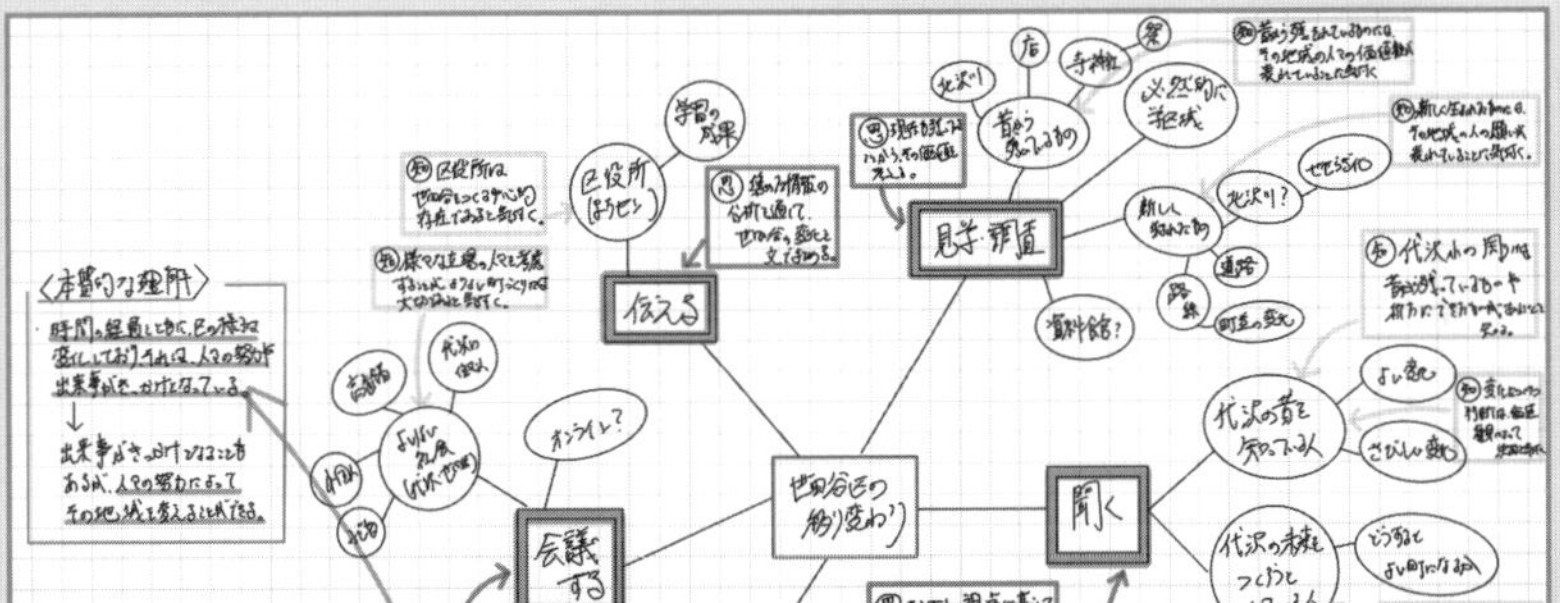

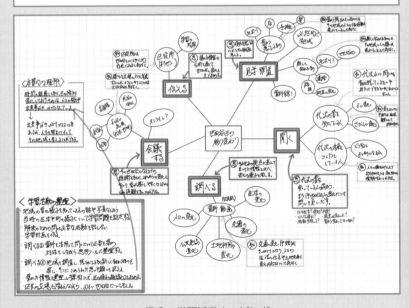

図2　学習活動ウェビング

（『授業のビジョン』（小川雅裕，2019，東洋館出版社）を参考に筆者作成）

教材研究

道徳の教材研究の質を高めたい！

京都市立桂坂小学校
森岡健太

Point 1 内容項目について，とことん熟考する

道徳の教材研究では，教科書教材を扱う場合，教材そのものの分析も大切ですが，その教材に関わる内容項目の分析も大切になってきます。まずは，内容項目からイメージされるキーワードや，教材を読んで，パッと思いついたことをざっくばらんに書き込んでいきます。この作業を通すと，本質を突くような発問が浮かんできます。

Point 2 板書計画は，わかりやすさを追究する

板書は何のためにするのか。いろいろな理由があるでしょうが，子どもたちが思考を広げたり，深めたりするきっかけになればと考えています。そのためには，見やすさを重視する必要があります。「何をどこに配置するのか」「短文や図式化することで，イメージしやすいか」ということに気をつけながら，計画を立てていきます。

Point 3 授業の流れは，実際のやりとりをイメージする

授業の流れは，教師と児童のやりとりをイメージして文字にします。実は，ポイント１と２さえやっておけば，授業としては成立します。では，なぜ実際のやりとりをイメージするかというと，「問い返し発問」を考えるためにやっています。道徳の授業では，子どもの意見を広げたり，深めたりする「問い返し発問」が鍵となってきます。

Point 1 内容項目について、とことん熟考する

まず、教材を一通り読みます。次に、その教材に関わる内容項目についてのイメージを膨らませていきます。写真は、4年生の教材「フィンガーボール」のものです。

写真のように、礼儀（マナー）について思いついたことをどんどん書き込んでいきます。自分が疑問に感じたことも書いていくと、それがそのまま発問につながってくるのでおすすめです。「マナーは何のためにあるのだろう」という、そもそもの疑問や、「外国から来た客のためにフィンガーボールの水を飲み干すのは、マナー違反では？」と教材に関して思ったことを書いていきます。

そして、学習指導要領解説の中身と照らし合わせていきます（左上参照）。今回は、「誰に対しても」の部分に着目しました。

ノート実物をチェック！

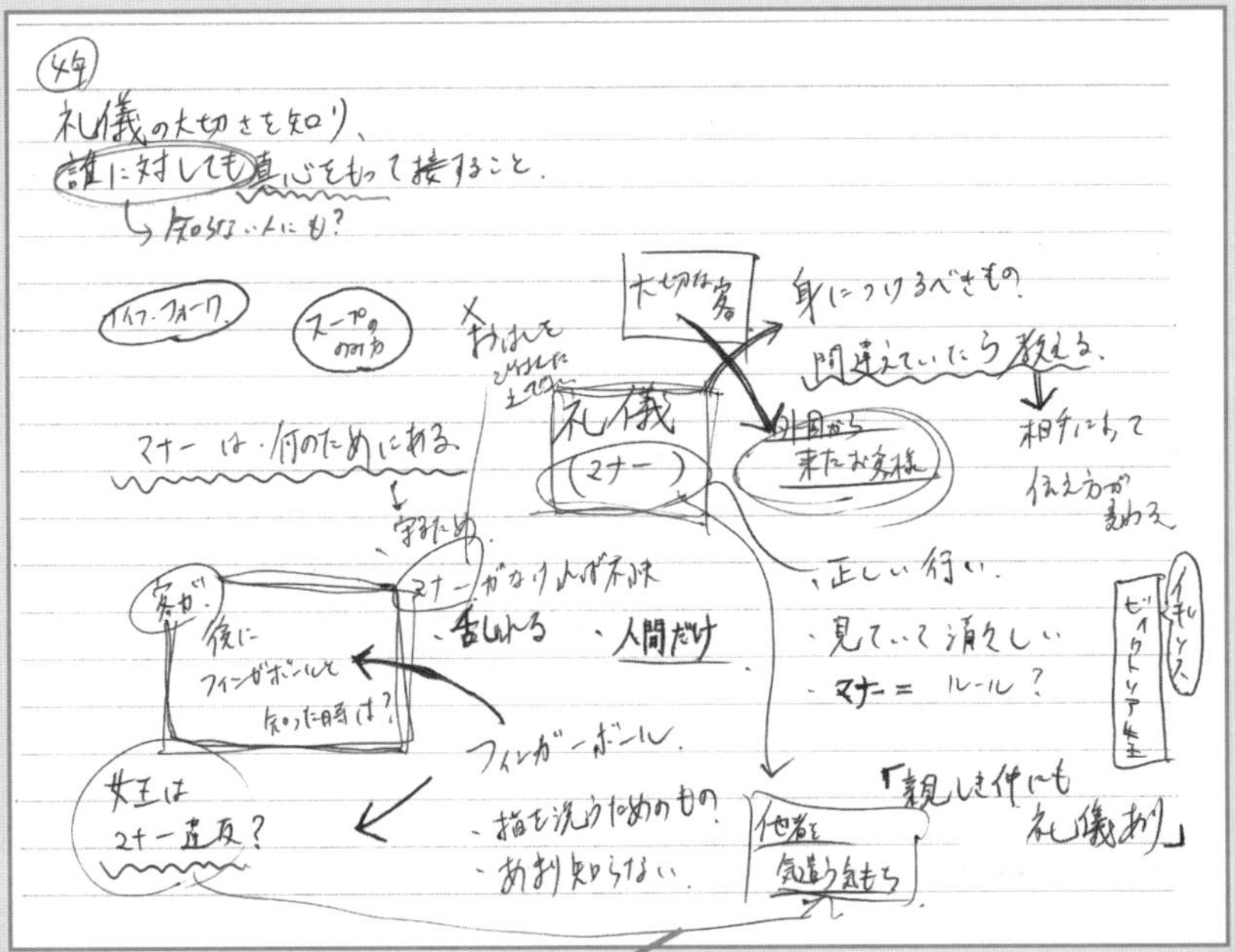

子どもたちの価値観を広げたり，深めたりする発問をするには，教師自身が，内容項目に対して自分なりにイメージをもっていないと難しいところがあります。思いつくままにどんどん書き込んでいき，イメージを広げます。

Point 2 板書計画はわかりやすさを追究する

板書計画はあくまでも「計画」なので、授業でその通りに行く必要はありません。

では、どんなことに気をつけているかというと、3つのポイントがあります。

1つ目のポイントは「何をどのあたりに配置するか」です。今回の授業では、「マナー」をテーマに授業を進めたので、導入と展開後段で考えの変容がわかるように、左上と右下に板書することにしました。

2つ目のポイントは、「簡潔に書く」ということです。板書する中身が長文になるとわかりにくいので、短文で書くことや、図式化することを想定しておきます。

3つ目のポイントは「少し余白を残しておく」ということです。余白があると、子どもたちが自分の考えを黒板に書きに来ることができるからです。

ノート実物をチェック！

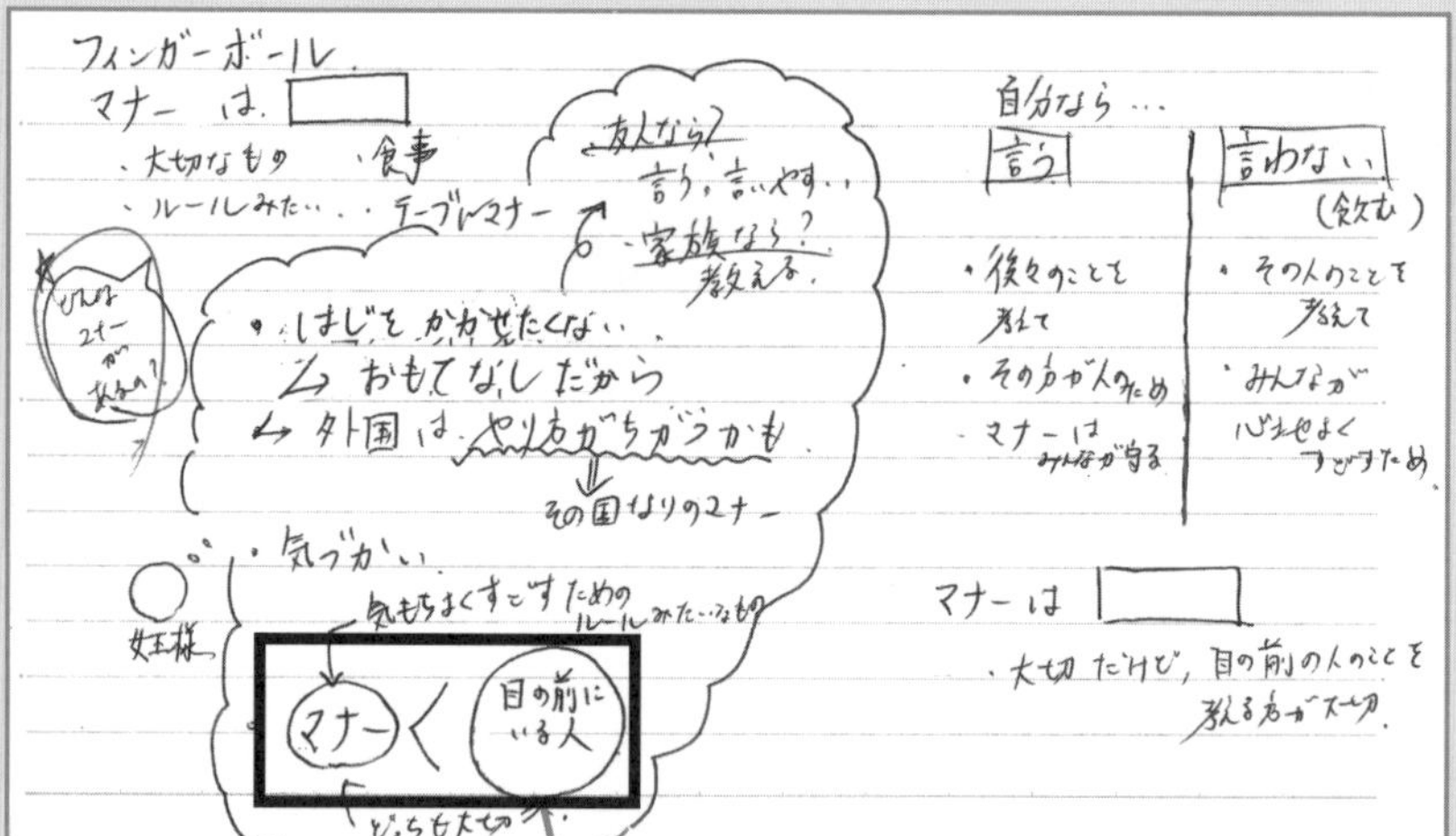

「マナーを守ること」と「目の前にいる人を大切にすること」を比較する図を入れることで，子どもたちが思考しやすいようにと計画しました。このように，計画の時点で図も入れておくことでイメージを共有しやすいようにと工夫しています。

Point 3 授業の流れは、実際のやりとりをイメージする

私は、授業の流れを細かく書いています。ですが、この授業案は授業中にはあまり見ません。

では、なぜ書くのかというと、イメトレの要素が強く、「問い返し発問」を考えるためにやっています。「この発問をしたら、こんなふうに意見が出るだろうな。だったら、このように問い返してみよう」。このような流れで書き進めていきます。

なお、授業後の反省が、授業力を高める最大の秘訣です（写真右下参照）。今回、子どもたちから「人のマナー」と「食べ物のマナー」があるという意見が出ました。「人のマナー」について、もっと問い返せばよかったという反省です。このように教材研究をして、反省するまでがセットになっています。

ノート実物をチェック！

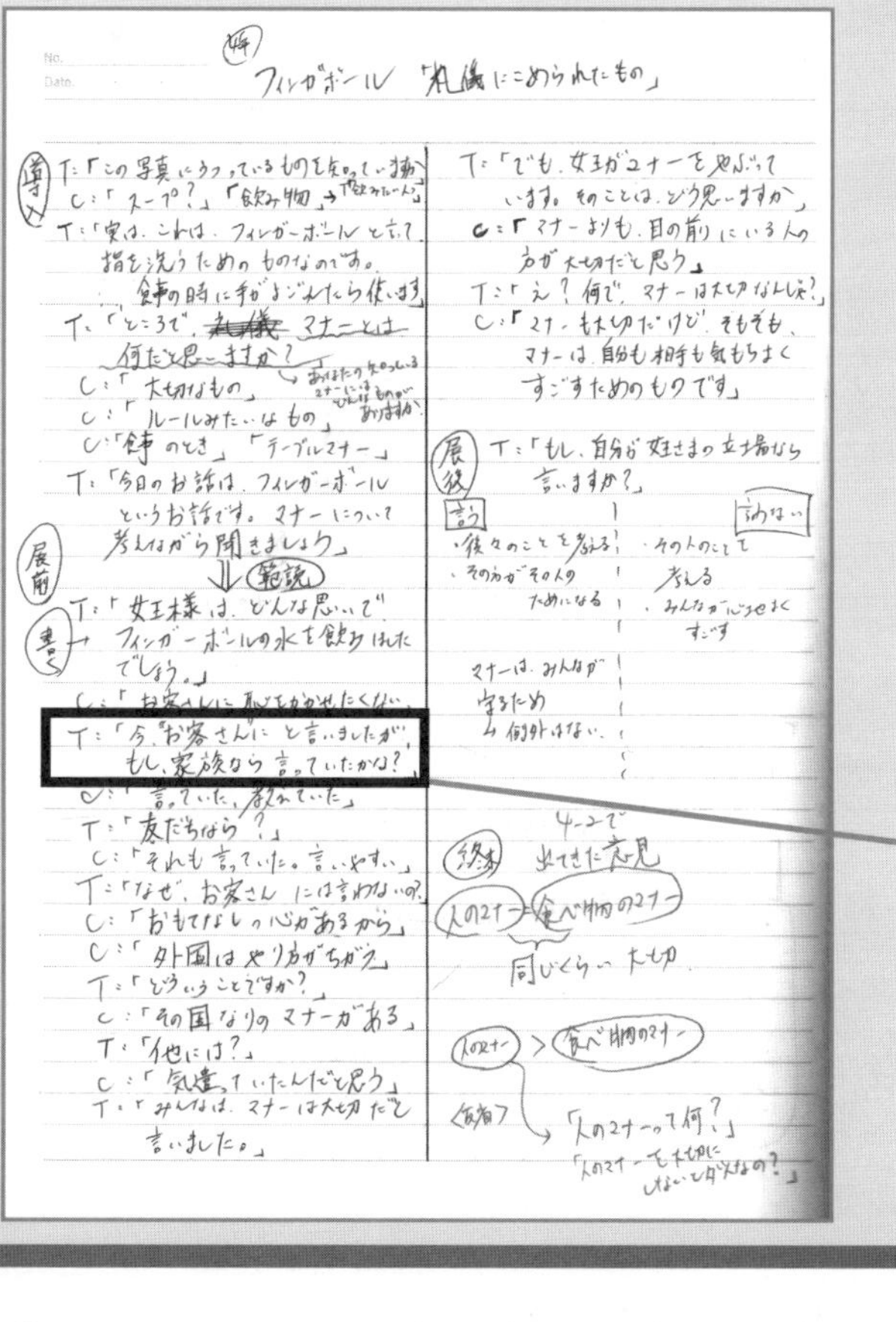

フィンガーボール「礼儀にこめられたもの」
T：「今、お客さんにと言いましたが、もし、家族なら言っていたかな？」

どんな発問をしたら、授業として深まりがあるのかを意識しながら、流れを書いていきます。今回は、お客さんのために女王はフィンガーボールの水を飲み干したわけですが、「もし、家族相手でもそうしていたのか」と視点をずらす発問を考えました。

教材研究

社会（中学校）の教材研究の質を高めたい！

北海道函館市立亀田中学校
川端裕介

Point 1 ゴールの姿から単元の学習をデザインする

教材研究の醍醐味は，「オリジナルレシピ」の学習をデザインできることです。学習指導要領の内容に沿いながら，子どもの実態や教師の教材研究の成果を反映して，柔軟に学びのフィールドを定めましょう。単元の学習のデザインをするときの基本的な流れは「ゴールの姿→ゴールに届く学習課題→効果的な見方・考え方」です。

Point 2 学びの広がりと積み上げによって課題を構造化する

課題の構造化には，問いを中心とする方法や概念的知識を中心とする方法などがあります。いずれの場合も，学びの広がりと学びの積み上げの２つを意識しながら，単元の学習の柱を明確にすることが大切です。語句レベルの知識だけを伝達するような「暗記の社会科」とは決別しましょう。

Point 3 効果的な見方・考え方を具体化して見通しをもつ

単元の学習をデザインする時点で，学習課題解決に有効な「見方・考え方」の見当をつけておきましょう。そして，中心発問や補助発問，提示する資料などの中に，子どもが注目する視点や子どもが思考する方法のヒントを示すようにします。また，思考ツールは学習の中だけではなく，私たちが教材研究を進める際にも効果的です。

Point 1 ゴールの姿から単元の学習をデザインする

私は、単元ごとの学習の大きな枠組みを考える際に、ノートを活用して教材研究をします。地理・歴史・公民の三例を紹介しますが、基本的な手順は次の通りです。

①単元のゴールを端的に表現する
②ゴールに届く学習課題を設定する
③課題解決につながる見方・考え方を具体的に考える

教科書に沿った授業は、レトルト料理のようなものです。それに対して、教材研究とは自分でレシピを考えたり、既存のレシピをアレンジしたりするものだと考えます。目指す資質・能力に合わせて、柔軟に計画を立てましょう。

ノート実物をチェック！

地理的分野の例です。本来は日本の地域構成と世界の地域構成の2つの単元に分かれていますが、「日本はどこにあるか？」という1つの問いで2つの単元を結びつけています。教科書や指導書の単元構成にとらわれず、単元の目標を重視します。

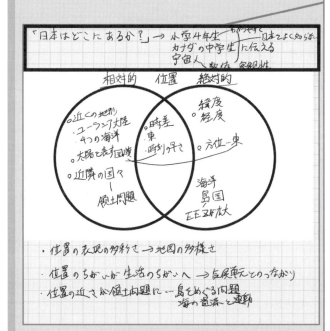

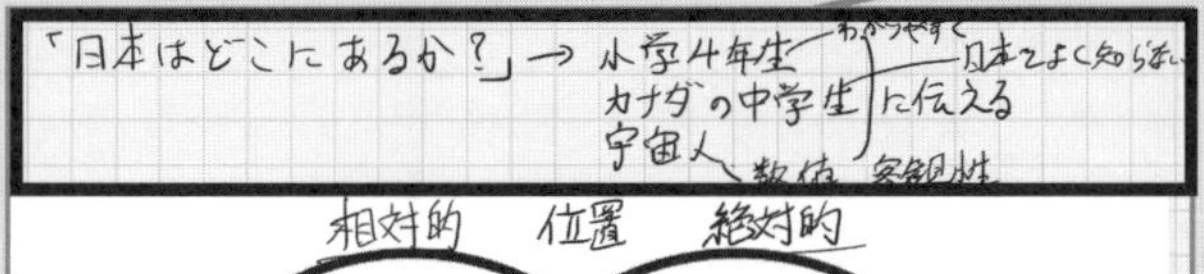

Point 2 学びの広がりと積み上げによって課題を構造化する

単元の学習をデザインするときには、学びの広がりと学びの積み上げの2つを意識します。学びの広がりについては、「実」となる資質・能力や「幹」としての単元を貫く学習課題がぶれないようにします。特に、語句レベルの知識を広げすぎると枝葉が多すぎる植物のように「実」に栄養が行き届かない（＝資質・能力の獲得にエネルギーが注がれない）ので注意しましょう。

学びの積み上げについては、単元の中の学習で核となる活動を繰り返すことで、子どもは徐々にステップアップします。また、単元との積み上げを意識して、異なる単元で学んだことを生かせるようにします。子どもの学びが断絶しないように、内容と方法の連続性を考慮しましょう。

ノート実物をチェック！

歴史的分野の例です。原始から古代の日本列島にある遺跡の価値を評価する立場になりきって、報告書をまとめるという学習課題です。現存する史跡や関連する遺物を時代別に評価する活動を続けて学習を積み上げ、時代の特色をつかみます。

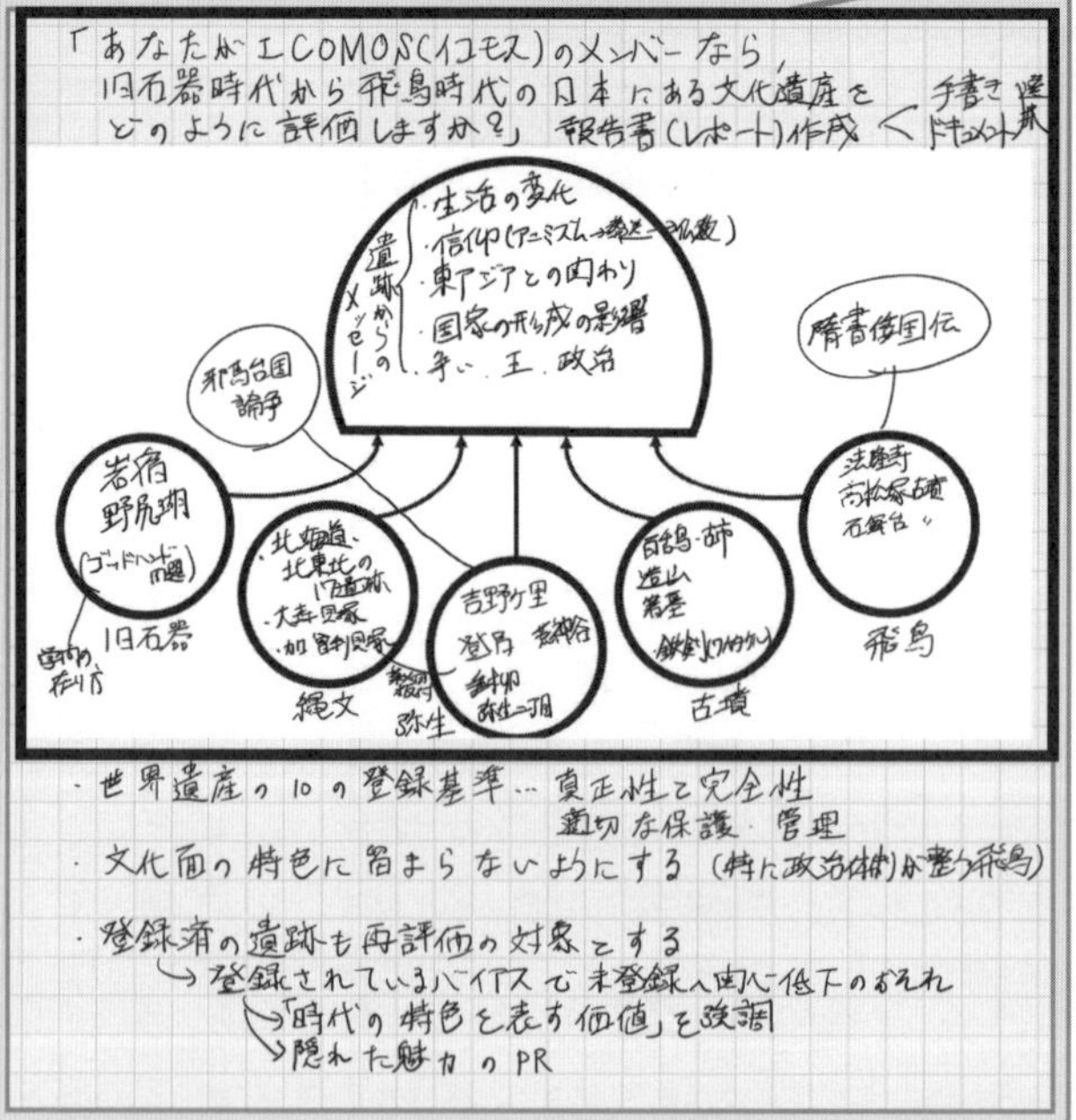

Point 3 効果的な見方・考え方を具体化して見通しをもつ

子どもが単元の目標に到達するためには、「見方・考え方」を働かせることが鍵となります。社会科については多面的・多角的に考察する点など、3つの分野で共通する見方・考え方があります。その一方で視点は分野ごとに多種多様です。例えば、下記の事例では現代社会における見方・考え方の内、「効率と公正」「対立と合意」という基礎となる視点に着目しながら、複数の立場や国家予算の複数の要素を考慮するように課題を設定しました。

なお、今回紹介した3つの研究ノートは、いずれもiPadのアプリ（GoodNotes5）に思考ツールを読み込んで活用しています。思考ツールは授業だけではなく、教材研究にも便利です。

ノート実物をチェック！

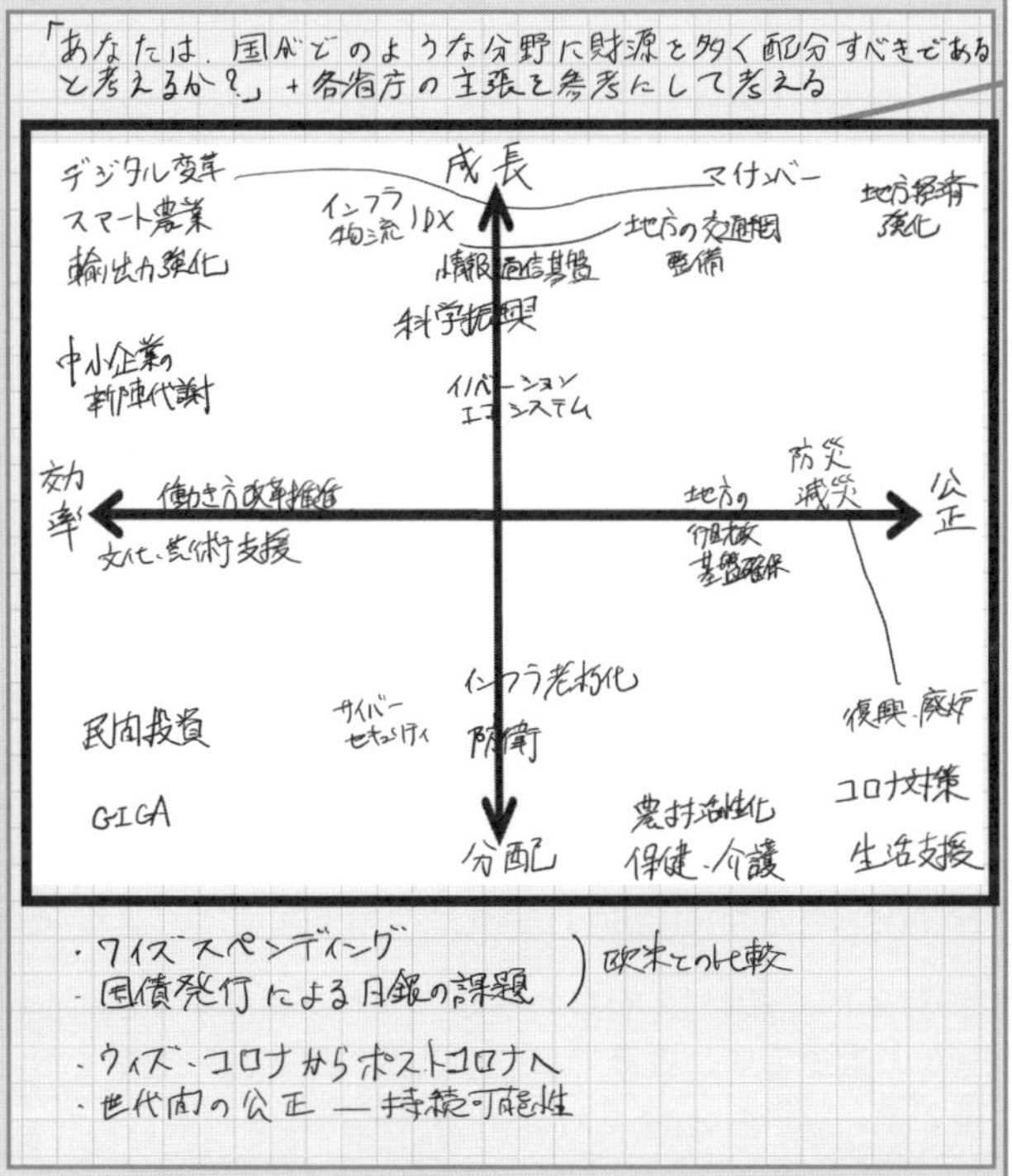

公民的分野の「あなたは、国がどのような分野に財源を多く配分すべきであると考えますか？」という課題例です。横軸を効率と公正、縦軸を成長と分配として予算の目的を可視化しました。教師自身が見方・考え方を働かせるようにします。

教材研究

英語（中学校）の教材研究の質を高めたい！

広島市立古田中学校
胡子美由紀

Point 1 題材の分析をし，内容（英文）を掘り下げる

まず，マンダラートを行い，単元に関して頭の中にあることを書き出します。題材（英文）の背景を調べ，題材そのものの理解と解釈を深めます。題材は授業の生命線です。書籍やインターネットなどを利用し，情報を収集します。テーマの分析などを行い，題材と生徒とのつながりを吟味します。

Point 2 バックワードデザインに基づき単元タスクを決定する

シラバスと CAN-DO リストに基づいた目標達成に向け，「年間」「単元」「一時間」で扱う題材を吟味し，必要な教材や活動を考えます。生徒が時間を忘れ，没頭できる発問・課題を実際の生徒の姿を思い浮かべながら考えます。特に，自律的学習者を育成する観点から，「自由度の高さ」「自己決定の場面」「自己関連性」の３点を大事にします。

Point 3 Language Exposure, Language Use, Urgent Need をつくる

「使いながら身につけていくこと」，すなわち「アウトプットすること」が言語習得への一番の近道です。授業で自然な使用場面と機会をつくり出せているかが鍵です。Language Exposure（英語にふれること），Language Use（英語を使うこと），Urgent Need（英語使用の必要性）の３つの質と量が確保されているかを押さえます。

Point 1 題材の分析をし、内容（英文）を掘り下げる

題材（英文）の背景・主題などの情報を収集し題材そのものの理解と解釈を深めます。教師自身が題材とどう向き合うかで授業の方向性が決まります。私が教材研究の際に重視するのは、次の6点です。

①題材と生徒のつながり（既習事項・関心）
②題材を通してつけさせたい力
③思考させ自分の考えを引き出す発問
④使用場面と働きを考えた統合型言語活動
⑤生徒の実態を考えた英文の扱い方
⑥帯活動を軸にした授業展開

教科書は素材集のようなものです。教師が行う発問、テーマへの迫り方などのさまざまな下ごしらえとエッセンスによって命が吹き込まれます。教師の指導理念が反映されると言ってよいでしょう。

ノート実物をチェック！

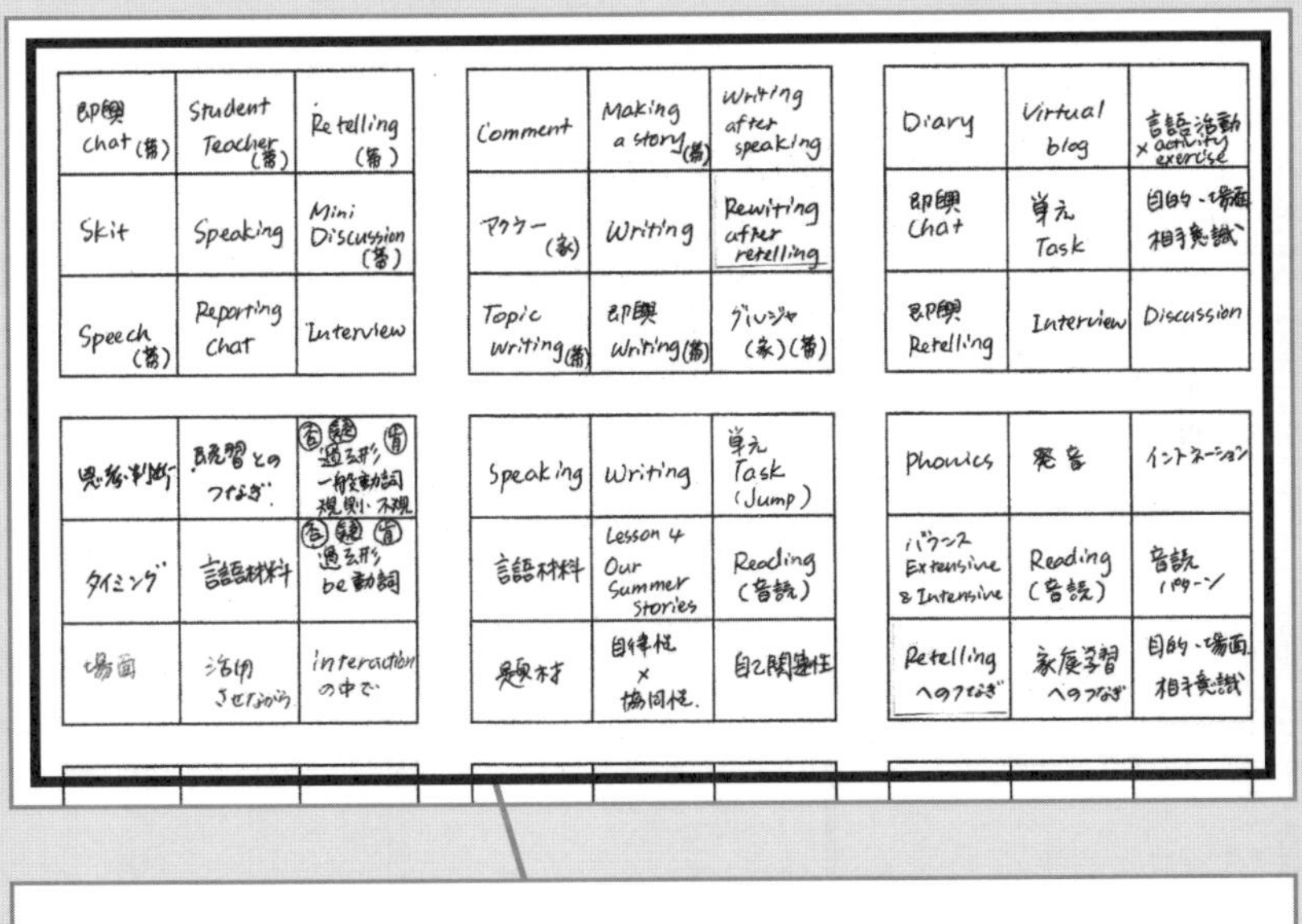

頭の中にある目標や行動アイデアを分類し引き出します。アイデアが出る場合はさらにマスを増やし書き加えることができます。やるべきことが紐づけされた形で細分化され，具体的な行動を引き出すことができます。

Point 2 バックワードデザインに基づき単元タスクを決定する

「教材研究」は料理に例えるなら「下ごしらえ」です。「何を（学習内容）・どうやって・どんな手順（指導）で」準備するのかは、調理の肝になります。何をつくるか、また何ができるかわからないまま料理に取り掛かる人はいないでしょう。つくる料理があり、具材を下ごしらえし、どの調理法がいいかを決めるはずです。ゴールの姿を明確にし、その達成を目指すプロセスを逆算するのがバックワードデザインです。到達ゴールは生徒にも示し、見通しと目的意識をもたせて取り組ませます。

授業は、教科書の内容を教えて終わりではありません。生徒が「できた」や「わかった」という自分の成長を感じることができる授業を目指します。

ノート実物をチェック！

既習内容を踏まえ、単元の最終ゴール地点をどの技能の何のパフォーマンスにするかを分析していきます。特に、題材の内容と、言語材料の使用場面や働きがスムーズにつながるように指導する内容を考えます。また、本文内容については、「生徒の学びがジャンプするところ」や「SDGsとの関連性」などについて吟味します。

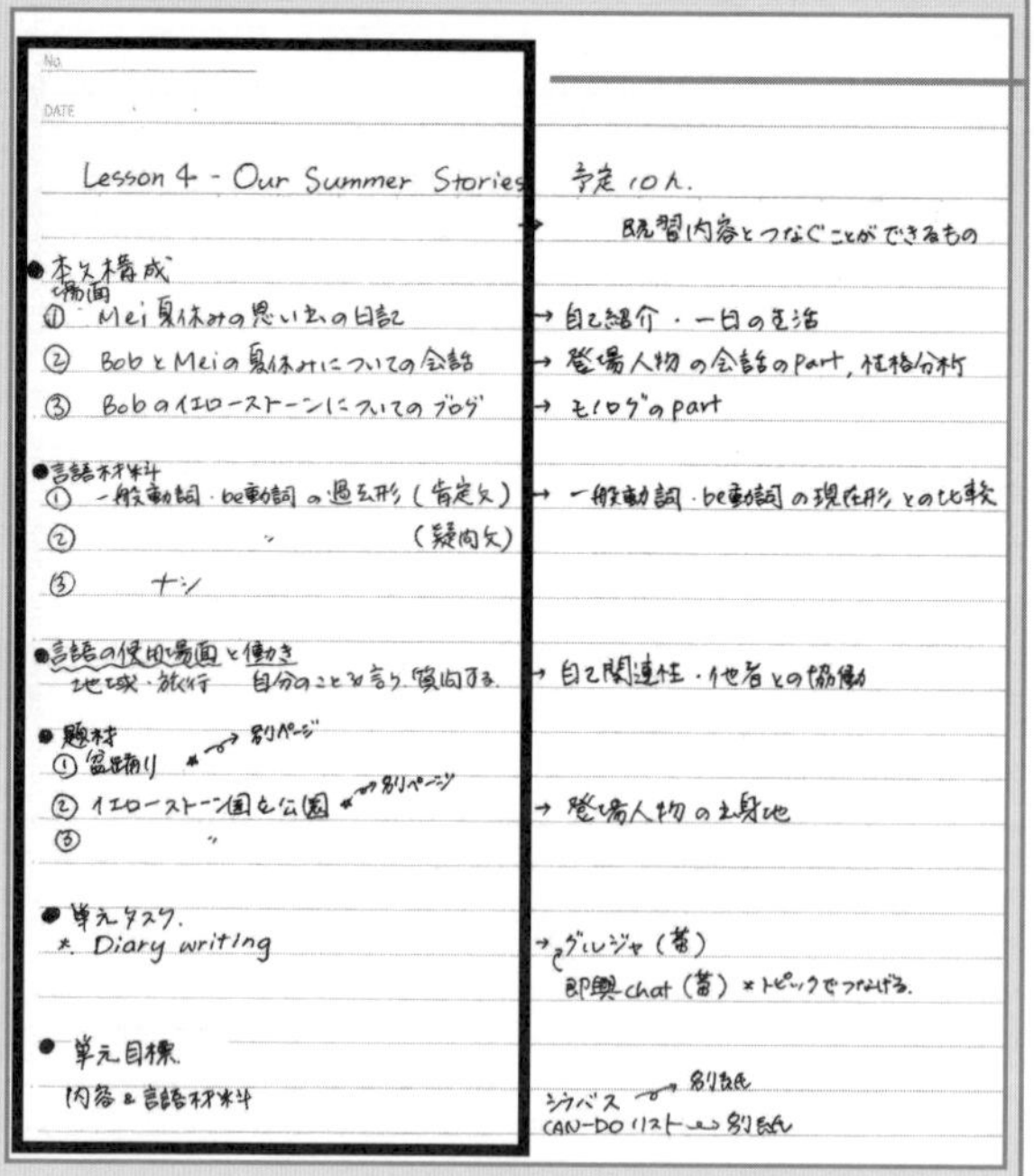

Point 3 Language Exposure, Language Use, Urgent Need をつくる

日本のような input-poor なＥＦＬ環境では、一歩教室を出ると日常生活で差し迫った英語使用をすることはまずありません。よって、授業で英語を意識的に使う input-rich な状況をつくり出します。生徒自身が学習の主体となり、教師や仲間同士のやりとりが要の授業展開の中で、たくさんの英語に触れ、英語を使うことを日常化し、授業自体をコミュニケーションの場とします。

本教材では、Teacher Talk やタスク、chat などの即興 speaking で英語を使用する中で Language Exposure と Language Use の質と量を確保します。語彙や文法を達成の手段として活用し、コミュニケーションの目的や場面、状況を意識し「使いながら習得」させるようデザインします。

ノート実物をチェック！

パソコンで授業デザインを作成し、インプットとアウトプットの質と量や、生徒の活動量（発話量）と教師の動き（発話量）。活動形態（個人・ペア・グループ）について色付箋をつけ視覚化します。それぞれのバランスを検証し、アウトプットが少ない場合、生徒の活動が少ない場合、活動形態に偏りがある場合は修正します。

(4) 本時の学習過程

	学習活動	指導上の留意点	評価
導入	Warm up（授業前） Belt activities 1 Vocal Exercise Pair activity (Punch game / Chat / Number counting)	・教室環境が整っているかを確認する（机の位置・授業道具準備・ゴミが落ちていないかなど） ・ウォームアップの帯活動で英語モードに切り替えをさせる	
	① Warm up Belt activities 2 1 Greetings【全体→ペア→個人】 2 Student teacher presentation【個人→全体→個人】 3 Today's goal【全体→個人→ペア】	・気持ちのよい授業の始まりになるように元気よく声を出させる ・発表に集中させる ・QAとコメントで即興力をつけるインタラクションをさせる ・本時の目標を確認させ、個人の目標設定をさせる ・ペアで確認させながら進める	話すこと［やり取り］ア
	Today's Goal: To be able to talk about the events or experiences in the past.		
展開	4 Fun Phrase【個人→全体→個人】 5 Last Sentence Dictation【個人→ペア→全体→個人】 6 Bingo【個人】 7 Papaya【個人→全体】 8 Reading【個人→全体】 9 Group Journal【グループ→個人】 10 Retelling【ペア→全体→個人】 ② Introduction of a new story 1 Picture Describing【個人→全体→個人】 2 Listening【個人→グループ→	・ペア・グループを活用し、全員で課題に向かわせる ・10 Rules（特に Keep smiling, English only, Eye-contact, Pronunciation, Reaction）がコミュニケーションの基本であることをふまえインタラクションをさせモニターする ・話し始める前に活動の大事なポイント（聴き手・話し手）を確認する ・既習の語彙や表現を活用し発話ができるように支援する ・ペアや代表の発表からいい表現や発表の仕方に気づかせる	読むこと ア

授業準備のコスパを高めたい！（小学校）

授業準備

千葉県公立小学校
髙橋朋彦

Point 1 教材研究ノートのテンプレをもつ

自分に合った教材研究ノートのテンプレがあるだけで，少ない時間で成果が上がりやすい授業づくりにつなげることができます。

Point 2 板書計画のテンプレをもつ

自分の学校の黒板と同じ比率で板書計画をすることで，授業準備で考えた板書を再現しやすくなります。

Point 3 授業の流れのテンプレをもつ

教科の特性に合わせた授業の流れのテンプレをもつことで，成果が上がる授業を再現しやすくなります。

Point 4 黒板に印をつける

黒板に印をつけることで，授業準備で考えたことを実際の授業に反映しやすくなります。

Point 5 「めあて」だけは押さえる

授業準備をする時間をまったく取れない場合でも，「めあて」だけは必ず押さえて授業に臨みます。

Point 1 教材研究ノートのテンプレをもつ

教材研究ノートのテンプレをもつことで、少ない時間で成果の上がりやすい授業づくりにつなげることができます。私は、左のようなテンプレを使って教材研究をしています。

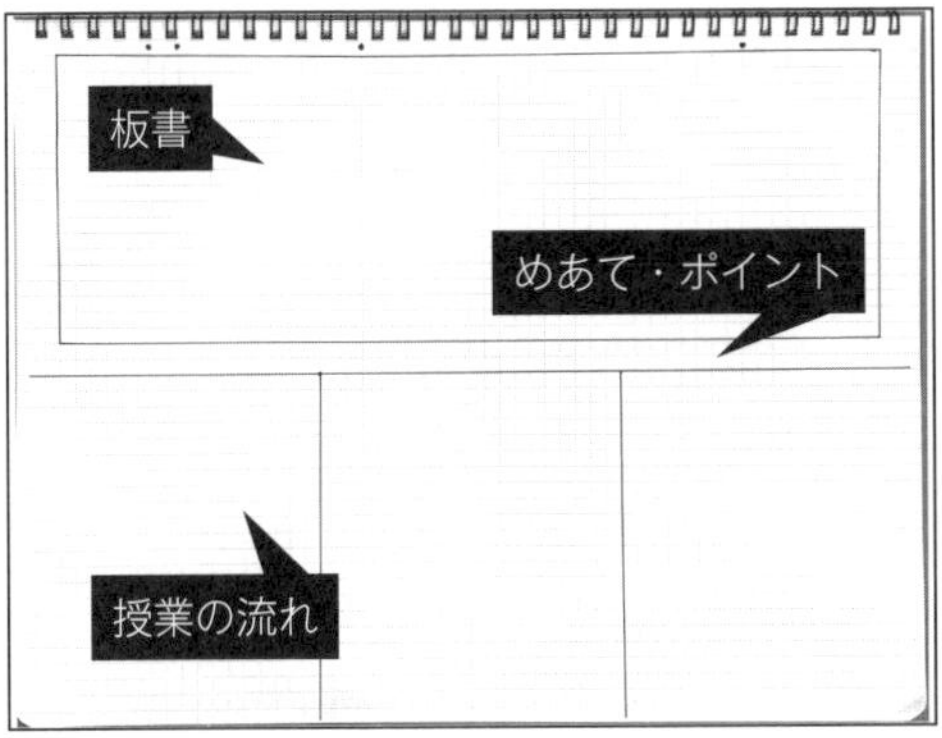

上の四角が板書（黒板）、真ん中のすきまが本時のめあて・ポイント、下の3つに区切られている部分が授業の流れになっています。教材研究をするときに、ペンで線を引いてテンプレをつくっています。慣れてくれば、1〜2分程度でテンプレを完成させることができます。ご自身に合ったテンプレをもつことで、よりコスパのよい授業準備ができます。

Point 2 板書計画のテンプレをもつ

上の授業研究ノートのテンプレの板書部分は、本校で使っている黒板の大きさと同じ比率でつくられています。本校の黒板は（縦1・2m×横3・6m）ですので、1：3になるように四角をつくっています。上の小さな点は、後ほど説明いたします。

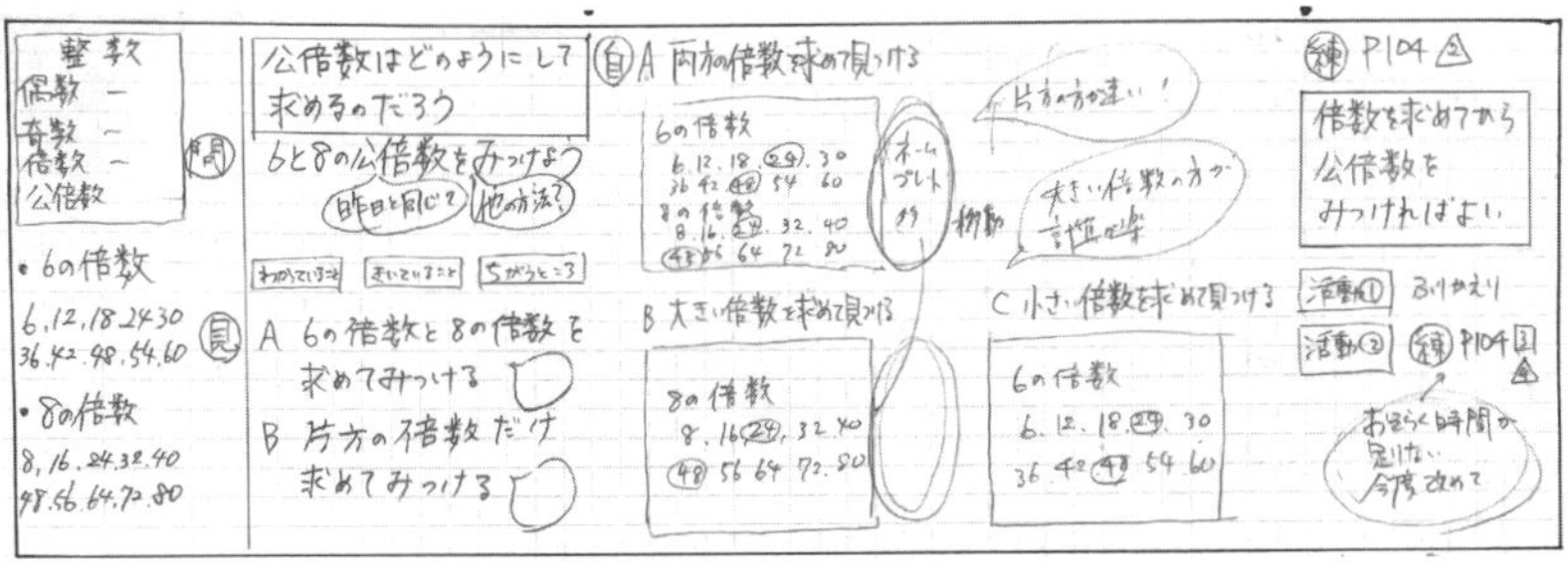

Point 3 授業の流れのテンプレをもつ

その教科の特性に合わせて、授業の流れのテンプレをもっていると、コスパのよい授業準備ができます。私の場合、算数は左の図のような流れで授業をつくっています。

この流れを教材研究ノートの下の部分に反映させています。

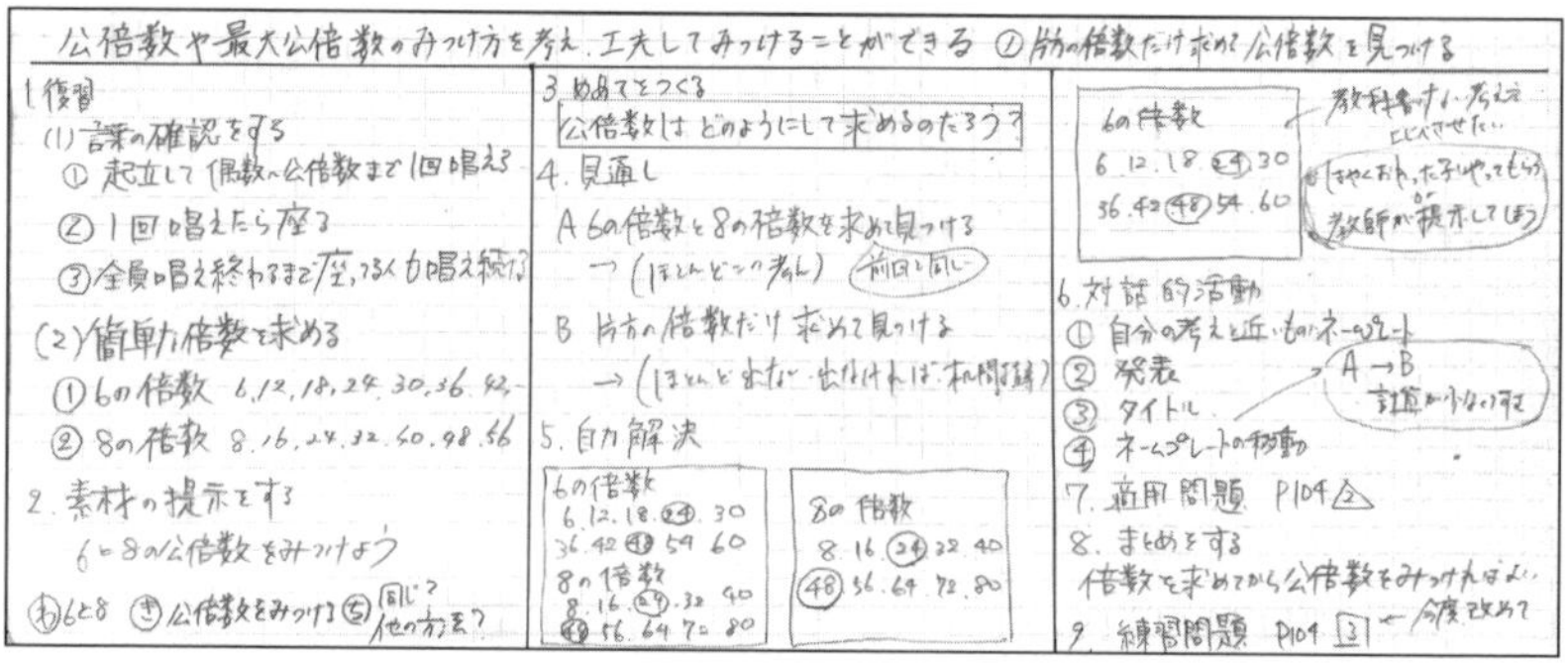

Point 4 黒板に印をつける

黒板にシールで印をつけることで、授業準備で考えたことを実際の授業に反映しやすくなります。

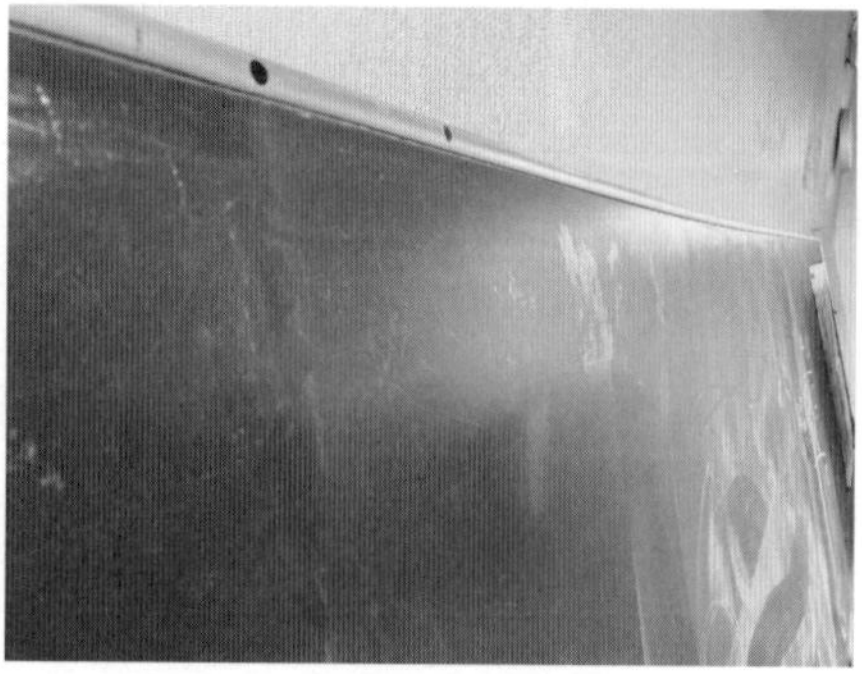

前述した教材研究ノートの黒い点は、黒板に貼られたシールと同じ位置に打たれています。

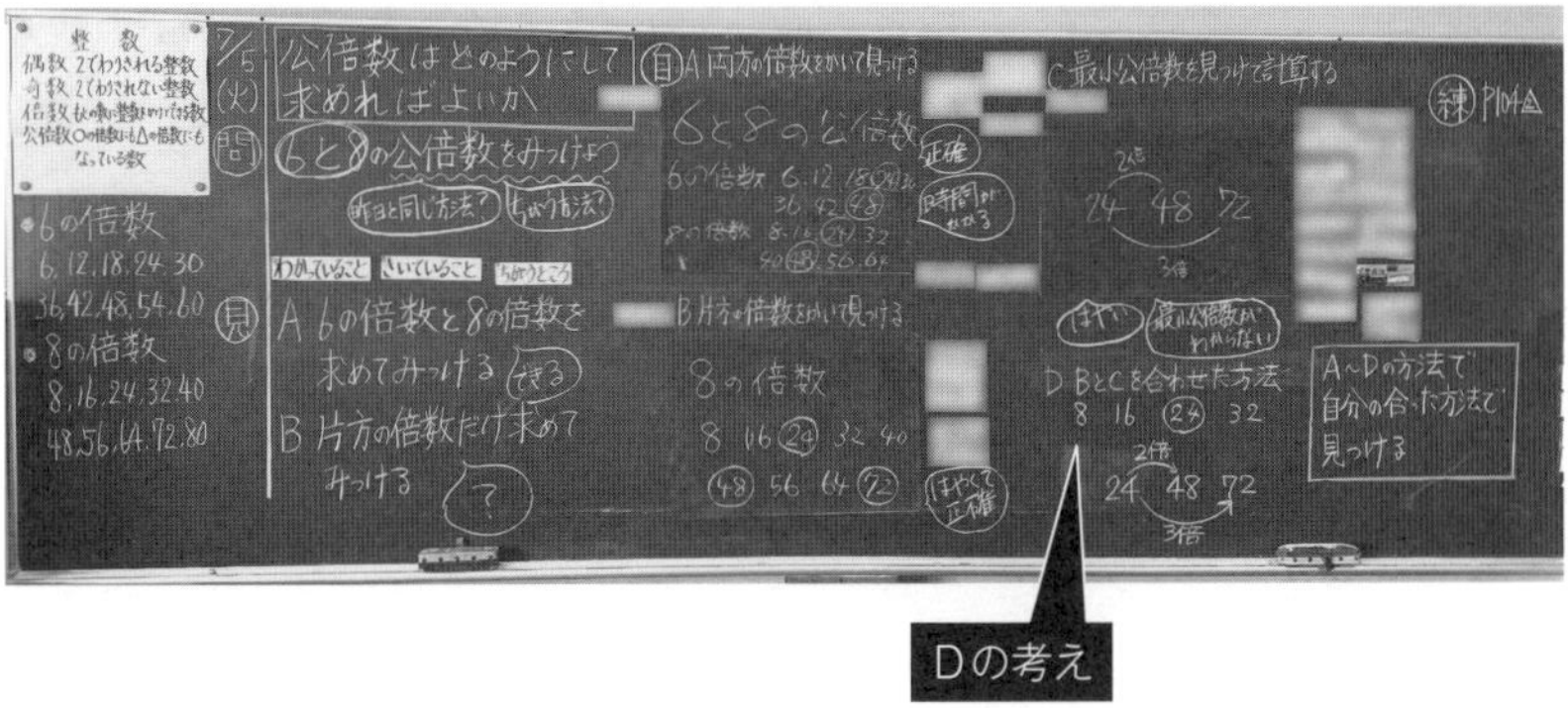

以上の流れで準備した授業は、上の写真のような板書になりました。だいたい同じような流れでできたのですが、大きく流れが変わった部分があります。それが、Dの考えです。子どもたちは、対話的活動の際、Bの考えとCの考えを組み合わせてDの考えを新たにつくり出すことができました。この考え方は、私の授業準備の中では考えることができませんでした。つまり、私の考えを超えた子どもの考えが出てきたということになります。

授業準備をしっかりとすることはとても大切ですが、子どもの柔軟な発想によって授業展開を変えられる「余白」も大切にしています。

算数以外の教科も、授業の特性に合わせて板書や授業の流れのテンプレをもつことで、コスパのよい授業準備をすることができます。

Point 5 「めあて」だけは押さえる

授業の流れや板書のテンプレをもっていると、コスパのよい授業準備をすることができます。コスパがよいとはいえ、このような授業準備を毎回することはできません。そこで、時間をかけられない授業は、ポイントだけ押さえた授業準備をしています。

私の場合、ポイントとして指導書に書かれている「めあて」を大切にしています。めあてを読み、

「今日の授業では、ここだけは必ず押さえるぞ！」

と思って臨むことで、たとえ授業がうまく流れなかったとしても、ポイントだけは、子どもに落とし込むように意識することができます。

授業準備のコスパを高めたい！（中学校）

授業準備

学習ブロガー
望岡　慶

Point 1 定期テストを真っ先につくる

授業準備をするときの迷いや悩みを減らしつつ，複数の教員で１つの学年を担当する際に生じる「授業内容の打ち合わせの時間」を削減します。

Point 2 長く話さないようにする

授業準備にかかる時間を削減しつつ，授業中に生徒の集中を切らさないようにします。

Point 3 よいものは潔くマネをする

授業動画のマネをすることで，説明の仕方で悩む時間を減らしつつ，コンパクトでわかりやすい説明をできるようにします。

Point 4 生徒に長く活動させる

他の生徒や教員に確認・質問をしたり，聞いた内容を自分の言葉で再構成したりする時間を設けることで，理解を深め，知識を定着させます。

Point 5 教科書の穴埋めテストを毎回行う

授業内容の定着度合いを確認しつつ，生徒が教科書をより読むように仕向けます。

授業準備にかかる労力を小さくしつつ（コストを低くしつつ）、生徒の学力を向上させる（パフォーマンスを高くする）ことを目指して、中学校の社会科教員だった僕が実際にやってきたことについて説明します。

Point 1 定期テストを真っ先につくる

授業を行う前に、その授業範囲の定期テストの問題を作成するようにしていました。その理由は2つあります。第一に、身につけさせたい学力（パフォーマンス）を明確にすることで、授業準備をするときの迷いや悩みを減らすことができるからです。第二に、複数の教員で1つの学年を担当するときに生じる「授業内容の打ち合わせの時間」を削減できるからです。実際、2人の教員で1つの学年を担当することになった際、先に定期テストを作成して「ここで問われることは絶対に外さないように授業をしましょう」と共有しておいたことによって、授業内容を打ち合わせする時間をかなり短くすることができました。もちろん授業の進度や生徒の様子に応じて問題の修正をすることもありますし、そもそも学力がすべて定期テストで測られるというわけではありません。ですが、トータルでみると授業準備の時間短縮につながりますし、そもそもコスパを考えるうえで、到達目標をある程度まで明確化しておくことは必須だと思います。

Point 2 長く話さないようにする

教員が授業中に長々と話さないようにしていました。その理由は2つあります。第一に、「教員からの説明の時間」を短くすればするほど、基本的には授業準備にかかる時間を削減できる傾向があるからです。第二に、教員が一方的に長々と話をすると、集中が切れて理解が追いつかなくなる生徒が出てしまうからです。実際、「約30分、くわしく説明する」から「約10分、概要を説明する」に変更した結果、授業準備にかかる時間が減りましたし、集中が切れて退屈そうにする生徒が少なくなった実感があります。確かに「重要な内容をコンパクトに説明する方法」を考えるのは大変ですし、コンパクトに説明する分、別の工夫が必要にはなります（ポイント3・ポイント4）。ですが、授業中に長く話さないようにするという手法は、授業準備にかかるトータルのコストを削減できて、さらに生徒の集中を切らさないことにつながるので、授業準備のコスパを高めるよい手法だと思います。

Point 3 よいものは潔くマネをする

YouTubeや授業動画配信サービスで提供されている授業動画の中で、「この説明はわかりやすいな」と思った説明をマネしていました。その理由は3つあります。第一に、自分オリジナルの説明の仕方を考えたくなるけど、「オリジナルだから生徒の力が伸びる！」というわけではないことに気づいたからです。第二に、説明の仕方を自分1人で考えようとすると、時間がかかるからです。第三に、YouTubeや授業動画配信サービスの中で提供されていて一定の評価を得ている授業動画は、説明がコンパクトでわかりやすいからです。

実際、僕は月額制のある有名な授業動画配信サービスに登録をして、通勤途中などで授業を聴き、その中の講師の説明の仕方をマネするようにしていました。その結果、説明の仕方で悩む時間が減りましたし、説明がコンパクトでわかりやすくなったという実感があります。確かに、目の前の生徒をイメージして「ここは理解しにくいポイントかもしれない」とイメージをして生徒に合わせて説明の仕方を調整する必要はあると思います。そして、その調整作業こそが現場の教員の最大の役目だと思います。ですが、調整前の「ベーシックな説明の仕方」までゼロから考える必要はないと思いますし、何より大変なので、利用できるものは利用するのが授業準備のコスパを高めることにつながると思います。ちなみに、僕が運営するブログ「もちおスクール」(https://softtennis-blog.com)には社会科の記事や社会科の授業動画があるので、もしよかったら見てください。

Point 4 生徒に長く活動させる

「教員からの説明の時間」を短くすることで生まれた時間を、可能な限り、「生徒が教員からの説明を咀嚼する時間」にあてるようにしていました。理由は、教員からの説明を聞くだけではなく、他の生徒や教員に確認・質問をしたり、聞いた内容を自分の言葉で再構成したりすることで理解が深まる&知識が定着すると思ったからです。スポーツや楽器の練習でも、説明をひたすら聞くだけではなかなか上達しなくて、説明を聞いた人が実際に運動してみたり楽器を演奏してみたりしつつ「さっきの説明はこういうことか」と咀嚼することを通して、上達していくはずです。それと同じです。実際の社会科の授業のイメージは、「冒頭の5分で復習（ポイント5）、そのあと10～15分で概要を説明、残りの30～35分で生徒が各自で活動」という形です。

僕が過去にやった授業では、30～35分の活動の時間の中で、「さっきの説明って、こういうことだよね？」と生徒同士で確認し合ったり、「もう一度説明してください」という質問を生徒にされたり、知識を自分の言葉で再構成することにつながる課題に生徒が取り組んだりしていました。生徒に各自で活動をさせると、「その時間で生徒が遊んだり別のことをしたりするのでは？」と不安に思うかもしれません。

ですが、教員が長々と説明している間、実は生徒がずっと別のことを考えていて教員の説明をほとんど聞いていなかった、ということはよくあることです。

そう考えると、「活動中に遊んだり別のことをしたりする」のは、「教員の説明中に別のことを考えていた」のと実質的に違いがないですし、むしろ各自で活動をさせることで「授業への不参加」が可視化されやすくなり、教員が声をかけやすくなったりするので、生徒の学力向上という目標を達成するうえでは、プラスだと思います。

Point 5 教科書の穴埋めテストを毎回行う

前回の授業内容のポイントを空欄にした「教科書の文章の穴埋めテスト」を授業の冒頭に毎回行っていました。その理由は3つあります。第一に、生徒が教科書をより読むようになるからです。第二に、授業内容の定着度合いを確認することができるからです。第三に、教科書の穴埋めテストであれば、作成にそこまでの時間はかからないから（低コストで済むから）です。実際に僕は、教科書をコピーして、修正テープで空欄をつくり、その原本を印刷して穴埋めテストをつくっていました。

授業冒頭の約3分でテストを実施し、約2分で生徒同士（隣の人）で採点をして回収、という流れです。このテストの点数は関心意欲態度の評価に加算することを宣言していたのもあり（「社会科に関心と意欲があったら、教科書を読むよね」という理屈）、多くの生徒は授業開始2分前くらいから必死に教科書を読んでいました。もちろん穴埋めテストの作成と印刷に少し時間がかかってしまうので、市販の小テストを利用してもよいと思います。ですが、それだと教科書を読む習慣（パフォーマンスの向上）にはつながりにくいと思ったので、僕は教科書の穴埋めテストを行うことにしていました。

ICTを有効に活用したい！

兵庫県三木市立広野小学校
末永琢也

Point 1 デジタルとアナログのハイブリッドで

基本はハイブリッドで行います。自分の授業準備は，デジタルとアナログのどちらの相性がいいのか探ってみましょう。

Point 2 情報を一元化する

デジタルのよさは，情報を一元化できること。教材研究や授業に関わる情報をすべて一か所にまとめましょう。

Point 3 OneNote を活用する

Microsoft の OneNote を活用するのがおすすめです。他の Microsoft のアプリとの連携で活用の幅も広がります。

Point 4 検索機能をうまく活用する

情報を一元化すると問題は「管理」。大まかな分類にしておけば，検索して必要な情報を引き出すことが可能です。

Point 5 いつでも，どこでも準備できる

いつでも，どこでも，思いついたらすぐに入力。音声入力をうまく使えば入力が簡単になります。

Point 1 デジタルとアナログのハイブリッドで

　そもそも、授業準備にはどんなものがあるのでしょう。私の場合、①単元計画、②本時の流れ、③教材の選択、④板書計画になります。他にも、教科書をスキャンして教材研究、ワークシート作成など授業者や教科等によって様々です。共通して言えることは、授業準備のすべてにおいて、デジタルが有効とは限りません。ただ、デジタルが有効に働く場面が多いことは明らかだと考えています。

　私は、授業の流れや板書計画などはA4ノートに手書きしています。以前、個人で購入したタブレットを持ち始めたとき、ノートからデジタルに移行したことがありました。しかし、意外と画面が小さくて見にくく、授業中にさっと確認するには不向きだと感じました。その後、数か月、試行錯誤してみましたが、やはり、ノートのよさを上回ることはありません。ノートであれば、見開きに授業に必要な情報を整理し、俯瞰することができます。つまり、私にとって、この「俯瞰」が重要だったのです。

　自分の授業準備が、デジタルとアナログのどちらの相性がいいのかを探って、最適なものを決めればいいのです。デジタルとアナログをハイブリッドで活用することが大切です。

Point 2 情報を一元化する

　授業に関わる資料などをノートやファイルで管理している人は多いでしょう。社会科を専門としている私にとって、資料収集は日課です。そんな私も数年前まで、ノートとファイルを使っていました。しかし、教材研究や資料収集を進めていく中で、ノートの数が増えることや、ノートで整理しにくいものはファイリングすることもあり、持ち運びや保管場所の確保が課題でした。当然、教室や職員室の限られたスペースでは保管することはできず、ほしいときにすぐに使えないことも。しかし、デジタルであれば、この悩みは概ね解決できます。

　つまり、デジタルのよさは、大量の情報を1か所にストックでき、いつでも、どこでも引き出せることにあるのです。授業準備においては、この利点を最大限生かしたいですね。

Point 3 OneNote を活用する

　私は OneNote を活用しています。

その大きな理由は、無料だからです。当然、OneNote と同じような機能をもつアプリはたくさんあり、無料、有料様々です。

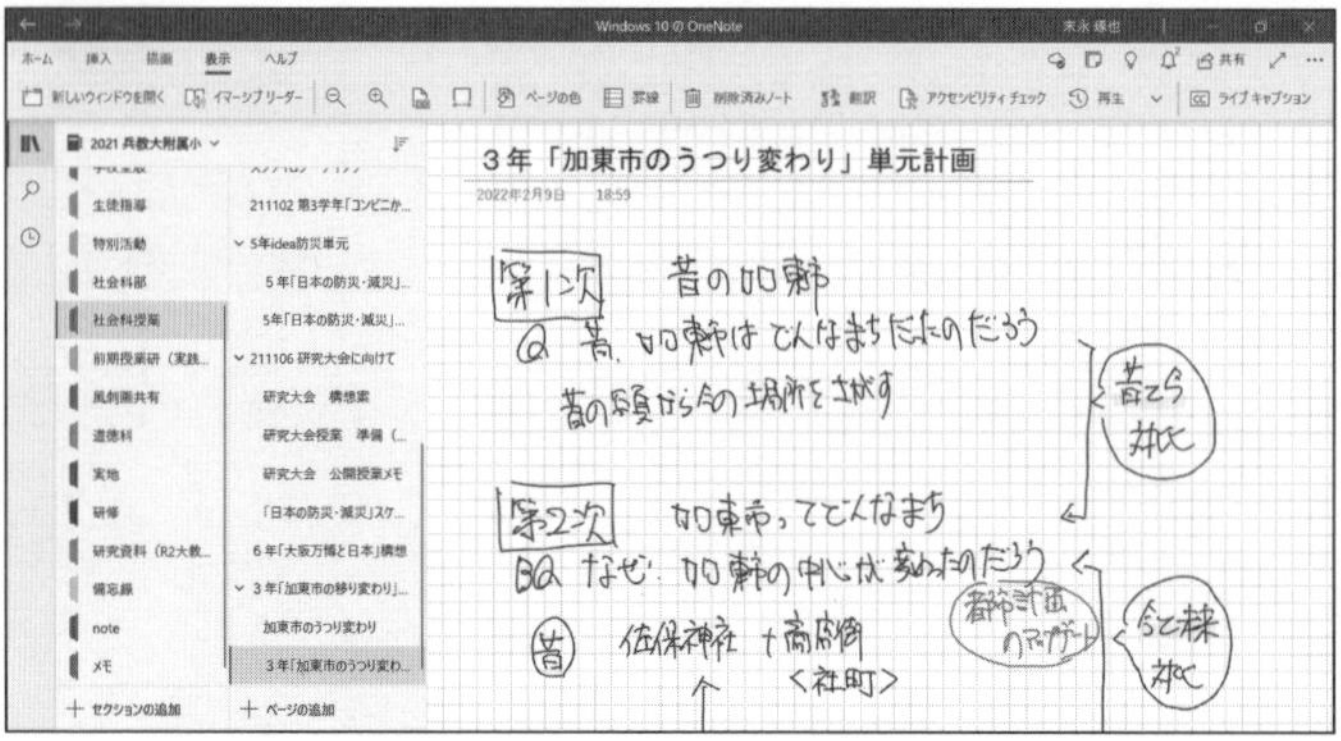

しかし、私が求めている授業準備では、有料アプリにあるような多機能は必ずしも必要ではないのです。

次に、様々なデバイスと同期ができる点です。自分の持っているスマホ、パソコン、タブレット等と同期できるため、いつでも、どこでも収集、引き出しが可能です。

また、GIGAスクール構想によって、子どもに1人1台のタブレットが整備されました。学校では、iPad、Chromebook、タブレットなどが使用されています。OneNote は、汎用性が高いため、どの機器にも比較的導入しやすいです。

さらに、Microsoft の他のアプリと連携することができます。私は、Teams と連携させ、ノートや授業資料の配付、子どものノートや振り返りの回収に活用しています。現在、様々なアプリが開発されており、さらに活用の幅は広がっていくでしょう。

Point 4 検索機能をうまく活用する

ここで問題になるのが、情報の管理方法です。一か所に大量の情報をストックできても、使いたいときにすぐに引き出せなければ宝の持ち腐れです。そこで、「検索」機能を活用します。

OneNote の場合、ノートに題名がつけられるようになっています。その際、ノートを細かく分類して整理するのではなく、題名にキーワードをつけるくらいで、大まかな分類にしておくのです。例えば、国語や算数のような教科名にしておいて、分類を気にせずどんどんストックしていく。そして、引き出したいときに「キーワード検索」をかける。つまり、キーワードでほしい情報を絞り、必要な情報をすばやく引き出すのです。

　さらに、新たな授業アイデアを構想しているときに気になるキーワードを入れると、分類に関係なく情報を引き出すことができます。分類の枠組みがない情報を見る中で、まったく関係ないと思っていたことがつながり、新しいアイデアや発想を生み出すことがあります。検索が、情報を見つけるためではなく、新たなアイデアを生み出す手立てともなるのです。

Point 5 いつでも、どこでも準備できる

　そもそも、授業準備はどこでするのでしょう。教材の作成や印刷などは教室や職員室になります。しかし、単元計画や本時の流れの構想、教材の選定や板書計画などは、学校という場に限定されません。情報端末があれば、いつでも、どこでも可能です。

　私は、基本的に①ノートPC、②iPad Air、③スマホ、の3つのデジタル機器を持ち歩いています。どこでも情報収集、授業準備をするためです。メモ程度にスマホで素早く入力する場合、タブレットで少しまとまった文章をタイピング入力することやイメージ図を手書き入力する場合、ノートPCで表や図を作成する場合というように、時と場所と内容に合わせて使い分けています。

　最近は、「音声入力」機能を多用しています。端末機器や機能の進化によって、以前に比べて比較的スムーズに音声入力ができるようになりました。私は、OneNote に同期可能な Google Keep というメモアプリを活用しています。使い始めた当初は、メモ程度の短いキーワードを音声で入力していました。その過程で、意外に精度が高いことに気づき、これまでタブレットやPCでしていたことを音声入力に置き換えています。文のつながりなど、一切気にせず思いついたままどんどん入力して、あとで整えることにしています。

　アナログを大切にしながら、相性のいいものからデジタルに置き換えてみてはいかがでしょうか。

【参考文献】
拙稿「教材研究のストックはアナログとデジタルのハイブリッドで」『社会科教育』2021年3月号（明治図書）
拙稿「OneNote でハイブリッドに情報を保存する」『授業力＆学級経営力』2022年1月号（明治図書）

授業準備

長期休暇を有効に活用したい！

小学校教員
こう

Point 1 次学期の教材研究をひと通り終わらせる

夏休み中に２学期分，冬休み中に３学期分の教材研究を終わらせておけば，新学期には限りなく授業準備の時間を減らすことができます。

Point 2 はじめの１週間が勝負と心得る

いったん休みモードに入ってしまうと，仕事モードに戻すのは難しくなります。

Point 3 教室にこもる

集中して取り組むためには，そのための環境づくりも大事。一番集中できるのは自分の学級の教室です。

Point 4 １日のおおまかな流れを決める

取りかかりの順番，１日の流れによっても，長期休暇中の教材研究の効率性は，大きく変わってきます。

Point 1 次学期の教材研究をひと通り終わらせる

長期休暇に入ると、だれでも少しゆっくりしたいと思うのが当然です。

しかし、それでは新学期が始まったら毎日残業ということになりかねません。ゆとりがあるときに仕事を進め、新学期が始まっても毎日定時退勤を目指したいものです。

その長期休暇の時期にこそやっておきたいのが教材研究です。次学期のすべての内容をひと通り終わらせておけば、新学期が始まって急な仕事が入ったとしても、バタバタせず、余裕をもって授業に臨むことができます。

ただし、1学期分の教材研究は、新年度準備の多忙さにより、春休み中に終わらないことがあります。そんなときはゴールデンウィークにまとめてやるようにしていますが、極力休みの日は行わず、すきま時間を使いながら進めていきます。

Point 2 はじめの1週間が勝負と心得る

長期休暇にまとめて教材研究をする場合、はじめの1週間を使って行います。なぜはじめの1週間なのか、理由は3つあります。

①いったん休みモードに入ってしまうと仕事モードに戻すのが難しいから

②長期休暇に入るとまわりがのんびりになり、他の仕事を振られることが少ないから

③長期休暇の中盤に楽しみがあれば、いつも以上に仕事をがんばれるから

この1週間の取組次第で、次学期が驚くほど快適になります。

Point 3 教室にこもる

長時間集中して教材研究をするためには、そのための環境づくりも大事です。そして、一番集中できるのは自分の学級の教室です。したがって、できるだけ自分の教室にこもり、1人で淡々と行うようにします。

また、教材研究のように頭を使う仕事は、脳が活性化している午前中がおすすめです。出勤したらすぐ教室に移動しましょう。

Point 4 1日のおおまかな流れを決める

教室に移動したら何から取りかかればよいのか。その順番や、1日の流れによっても、教材研究の効率性や充実

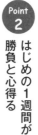

度は大きく変わってきます。

おすすめの1日の流れは、次の通りです。

午前

①苦手な教科の教材研究

↓ 行き詰まったら…

②得意な教科の教材研究

↓ ある程度進んだら…

③苦手な教科の教材研究

④行き詰まったところを同僚に相談

↓

午後

⑤ワークシート作成など作業系の仕事

↓ 残り1時間は…

⑥頭を使わない仕事

①苦手な教科から始める

まずは、自分が苦手な教科から取りかかることをおすすめします。苦手な教科は、「やる」と決めて取り組まないと、どんどん後回しになっていってしまいます。

また、授業時数が多く、時間がかかる国語から始めるのもおすすめです。単元のゴールを確認・設定し、できる限り単元ごとにまとめて行うようにします。

②行き詰まったら得意教科に切り替える

単元ごとにまとめてやろうと思っていても、途中で行き詰まってしまうこともあります。かといって、行き詰まるたびに休けいをしていると、なかなか進みません。

そんなときは、自分が取り組みやすい得意な教科にいったん切り替えるようにします。そうすることで、頭がリフレッシュされます。

iPad（タブレット端末）を活用して教材研究を行うと、他の教科に切り替えるのも容易なので、すぐに次の教材研究を始めることができます。

③また苦手な教科に切り替える

ある程度得意な教科の教材研究を進めることができたら、再び苦手な教科へと切り替えます。

先ほど行き詰まったところも、いったん頭がリフレッシュされたことで、案外すんなりと進めていくことができます。

それでも進まないときは、割り切って次の単元にいくのもよいでしょう。紙のノートであれば、どれだけ空けておくべきかで悩みますが、iPad であれば、ページの追加や移動も簡単にできるので、どこからでも再開することができます。

④行き詰まったところは 同僚に相談する

行き詰まってしまったところは、一人で悩み続けるのではなく、だれかに聞いてみましょう。先輩はもちろん、同期でも後輩でも構いません。

自分にはないよいアイデアをもらえるかもしれませんし、話すことで自分の考えが整理されるということもあります。

⑤午後からは ワークシートを作成する

午後からは、教材研究をしているときに必要だと感じたワークシートを作成します。午後になると、午前よりも集中力が下がってくるからです。

そこで、午後は考えることから作業系の仕事にシフトします。

⑥残り1時間は 頭を使わない仕事をする

定時まで残り1時間。

朝から集中して頭を使う仕事をしてきているので、この時間帯には、すでに頭は疲れ切っています。

そこで、残り1時間は、印刷や机の整理、教室の掃除など、頭を使わない仕事にあてます。

逆に言うと、これらの仕事を午前中にやってしまうのはナンセンスです。

頭が疲れ切っているときでも確実に前に進めることができる仕事を行い、1日の終わりに、

「今日はこれだけの仕事をやったぞ！」

と自分をほめることができるような働き方を目指しましょう。

長期休暇に次学期の教材研究がしっかりできていれば、新学期がスタートしてから焦らず余裕をもって働くことができます。

このような長期休暇の有効活用が、次学期に定時退勤できるかどうかの重要なカギを握ってきます。

自著『結局、定時退勤が子どもたちのためになる』（明治図書、2023年7月刊行）では、このほかにも、効率的な働き方をしながらも教育効果を最大限に高める様々な工夫やアイデアを紹介しています。

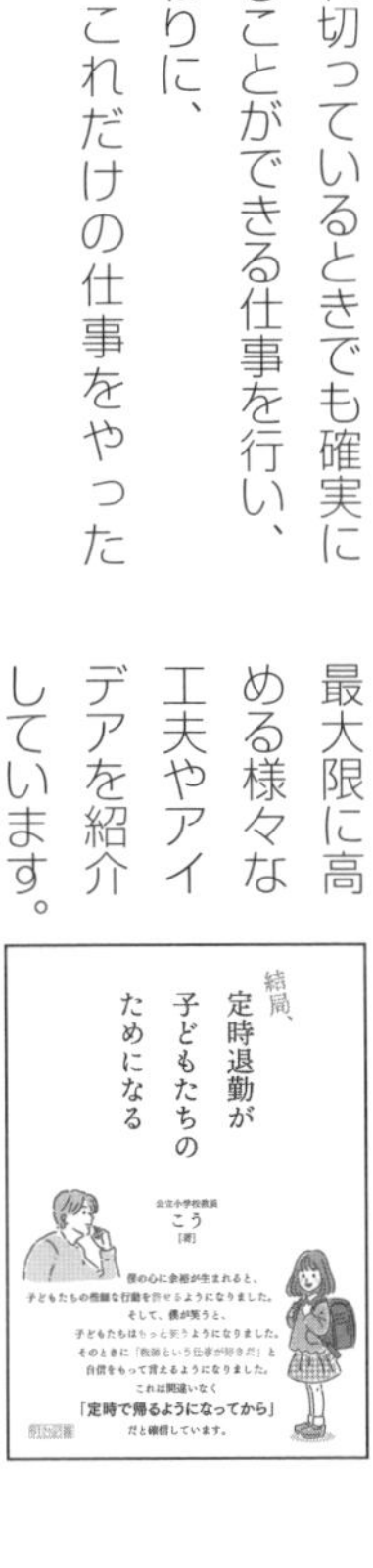

宿題を迅速にチェックしたい！

静岡教育サークル「シリウス」
森竹高裕

Point 1 点検しやすい形式で出す

ノートの見開き１ページや，漢字・計算・音読が１枚に収まったプリント１枚の形式にすることで，短時間の点検が可能になります。

Point 2 提出有無は呼名で確認する

一度全員を起立させて，宿題を提出した子の名前を呼びます。名前を呼ばれた子を座らせることで，提出の有無が一目瞭然になります。

Point 3 点検は10分以内で終える

宿題の点検に使う時間は，１時間目と２時間目の休み時間（10分間）と決め，その時間内でできる点検内容にします。

Point 4 ICT を使った課題を出す

Google フォームなど，１人１台端末のアプリを利用した課題を出すことで，課題を集約する手間が省けます。

Point 1 点検しやすい形式で出す

漢字ノート、計算ノート、音読カード、プリント学習等、形式の異なる課題がいくつもあると提出するものが増えます。形式が異なることで、見る手間も増えます。そこで宿題の形式を教師が点検しやすいものにすることで、迅速なチェックができます。

例えば、１枚のプリントに計算や漢字、音読などを収めるようにします。プリントには、計算スペース、漢字スペース、日記スペースを用意し、教師はドリルのどこを行うかを指示します。こうすることで、集めるものはプリント１枚で済みます。かさばることがなく、持ち運びも簡単です。

プリント以外には、宿題用ノートを用意し、見開き１ページに書かせてノートを提出させる方法もあります。

Point 2 提出有無は呼名で確認する

宿題を提出したかどうか確認をする際、名簿にチェックをつけながら何種類も調べていたら、時間がいくらあっても足りません。宿題を1枚のプリントにまとめたら、朝の会の中で次のように確認をします。

まず、一度全員を起立させます。教師は、宿題提出者の名前を素早く呼んでいきます。自分の名前を呼ばれた子は席に座ります。こうすることで提出の有無が一目瞭然となります。

「名前を呼ばれなかった子は、今すぐ宿題をやりましょう」と指示します。もうすぐ授業が始まってしまいますから、子どもたちは必死で取り組み、あっという間に宿題を終わらせます。毎日これを繰り返すことで、宿題忘れが減っていきます。

Point 3 点検は10分以内で終える

宿題の点検に使える時間は、1時間目と2時間目の休み時間（10分間）とし、その範囲内でできるチェックを行うことにします。

漢字の止め・はね・払い、途中計算、日記へのコメントなど細かくチェックしだすときりがありません。担任は、他にもやるべきことが山ほどありますから、宿題の点検は10分間でできる範囲にします。宿題を提出したことを確認する意味で○をつけ、細かな朱入れまでは行いません。宿題チェックで学力の向上を目指すより、授業の充実を目指したいものです。

音読カードに書かれた保護者からのメッセージの返信にも時間をかけ過ぎず、懇談会等の機会を通じて、コメントへの理解を求めましょう。

Point 4 ＩＣＴを使った課題を出す

1人1台端末を家庭に持ち帰っている学級があると思います。Googleフォームなど、1人1台端末のアプリを使った課題を出すことで、迅速なチェックを行うことができます。Googleフォームでは、子どもが課題を提出すると自動的に教師のGoogleスプレッドシートに集約し、提出者の有無についても簡単に把握できます。選択肢のある課題であれば、全体の傾向についてグラフ化することも可能です。

また最近では、デジタルドリルも整備されてきています。中には、自動採点機能が用意されているデジタルドリルもあるので、こうしたデジタルドリルを利用することで迅速な宿題チェックを行うことができます。

成績処理

テストを迅速・正確に採点したい！

奈良市立六条小学校
中嶋郁雄

Point 1 早く終わった子から提出させる

やり終えた子から回答用紙を提出させ，テスト時間中に可能な限り採点を進めます。早く終わった子どものための課題も用意しておきます。

Point 2 分割して採点する

丸つけは，１人分すべてを一気に行うのではなく，数人分の同じ問題に丸をつけていくことで，効率的に採点することが可能になります。

Point 3 子ども自身に点検・採点させる

テストは子どもの力をつけるためのものです。子どもに採点する力をつけることが，学力保障と仕事の効率アップにつながります。

Point 1 早く終わった子から提出させる

制限時間いっぱいまで、子どもがテストを提出するのを控えさせ、出席番号順にテストを一斉回収する人がいます。テストをやり終えた子は、手持無沙汰で待つだけの時間を過ごします。その時間は、子どもにとっても教師にとっても、無駄な時間になります。小学校の市販テスト程度なら、しっかり考えさせ、確認させても、早くやり終えてしまう子がほとんどです。

そこで、制限時間いっぱいになるまで待って一斉にテストを回収するという方法をやめて、テストをやり終えて「提出しても大丈夫」と考える子から、どんどんテストを提出させる方法にします。何もしないでテスト時間が終わるまで待つという時間のロスがなくなります。全員分がそろうころには、丸つけが半分以上終わっている状態になり、45分以内に、すべての子の採点を終了することができます。

また、早く提出し終えたら、漢字や計算練習や読書など、時間を有効に使うように子ども自身に考えさせるよう指導します。余った時間を無駄にせず、有効に使うようにできる力を身につけさせる指導を、テスト時間を活用して行うことができます。

Point 2 分割して採点する

採点は、1人分すべてを一気に行うのではなく、例えば、一番の問題だけに次々と丸をつけていくようにします。4人～5人分のテストが回収できた辺りで採点をやり始めます。丸つけをしているうちに、次々とテストが提出されてきますから、同じ問題にどんどん丸をつけることができます。

同じ問題に対して繰り返し丸をつけるうちに、正解を記憶して丸つけができるようになるため、採点の効率が上がり、採点ミスも少なくなります。

採点の中でも、特に煩わしいのが、記述式の問題です。記述問題の採点は、わずかな表現の違いで採点に差異が出る場合があります。採点基準を明確にしておかないと、子どもや保護者の不信を招きかねません。不信感が、後に大きなトラブルに発展する危険もあります。同じ問題を連続して採点することのできるこの方法は、記述問題の基準を崩さずに採点することにも大いに役立ちます。

Point 3 子ども自身に点検・採点させる

教師にとって、丸つけは労力を要する仕事です。すべての子がやってきた宿題やミニテスト、ドリルに丸つけをするだけで、相当な時間が必要になります。すると、「宿題の量を減らそう」「テストの量を控えよう」となってしまいます。そうなれば、子どもが学習する機会が少なくなってしまいます。

ドリルやミニテストなどは、子ども自身に答え合わせ（採点）をやらせるようにします。教科書の問題などは、あらかじめ解答用紙を準備しておきましょう。子どもが自分で解いた問題を自分で採点することで、自分で間違いに気づいたりやり直したりすることになります。採点は、子どもの学力を向上するための効果的な方法です。

子ども自身に点検・採点させることは、教師の労力削減につながり、子どもが学習する機会を保障することにもなる一石二鳥の方法です。

成績処理

成績を迅速・正確に処理したい！

奈良市立六条小学校
中嶋郁雄

Point 1 テストは一両日中に返却する

テストをできる限り早く返却することは，成績処理を迅速に終えることになり，子どもの学力保障にもつながります。

Point 2 机間巡視の評価を活用する

毎時間の授業評価を活用することで，正確かつ効率的に評価を進めることができます。そのために，机間巡視の評価は効果的です。

Point 3 すきま時間を有効活用する

５分間のすきま時間を活用して，少しずつでも進めておくことで，少ない負担で気づかないうちに成績処理を終えることができます。

Point 1 テストは一両日中に返却する

何日も経ってからテストを返却しても、子どもからすれば、自分がどんな問題を解いてどう解答したのか、忘れてしまっています。「直せ」と言われても、最初から問題文を読んで考え直すという作業に抵抗を感じ、隣の子の答えを見たり適当に教科書を写したりして提出することになります。

一両日中に返却することができれば、内容を覚えているうちに、しっかりやり直すことができます。テストを早く返すことは、子どもの学習意欲を高め、学力を身につけさせることになります。学習の理解を深めるためにも、できる限り早くテストを返却することが必要です。

早く返却することは、成績処理を早く進めて早く終えることにもつながり、教師の負担感の軽減につながります。

問題数や時間割の都合で、どうしてもその日のうちに返却することができない日もありますが、最低でも次の日には返却するように心がけましょう。

Point 2 机間巡視の評価を活用する

教師の評価を、子どもの学習意欲の向上、学習の取り組み方の見直し・改善へとつなぐことが重要です。授業後にノートを回収して赤ペンを入れたり評価したりする方法が一般的に行われています。この方法は、教師の評価を、子どもの学習意欲向上や考え方の変容に役立てるためには不十分です。

教師の評価を、子どもの学習意欲向上に役立てるためには、リアルタイムで評価を行うのが効果的です。子どもが、しっかり考えることができたら、「よくできてるね」と評価し、間違っていたら「違うよ」と×をつけることが、評価によって意欲を高めさせたり、改善を促したりするということです。机間巡視中に、個々の子を評価して、向上的変容を促すことができます。

机間巡視中は、リアルタイムで子どもの学習を評価することができるので、その時々の、子どもの学習意欲や、理解度などをチェックすることができます。学期末にノートを回収して、振り返りながら評価することで、通知表を作成するための資料になるため、成績処理の効率化につながります。

Point 3 すきま時間を有効活用する

今は、成績を処理するソフトも優秀なものがあります。以前に比べれば、成績処理にそれほど負担を感じることはありません。集計のためのデータを入力する時間を、いかに負担なく確保することができるかがポイントです。

全員分の成績を一気に終わらせようと思うと、精神的にも肉体的にも大きな負担がかかってしまいます。まとまった時間が必要になります。しかし、成績処理は、一気に終わらせる必要はありません。出勤してから始業までの時間や、授業の合間の休み時間などのわずかな時間を使って、データを1人分でも、1行でも打ち込んでおくことが大切です。3分間もあれば、かなりのデータを入力し保存することができるはずです。点数で入力ができないものについては、日ごろからノートや授業態度などを記録しておき、できる限り早く、少しずつでもデータを入力しておくように心がけましょう。

大切なことは、データを「溜めない」で、わずかな時間を使って処理する意識をもつことです。

成績処理

中身の濃い通知表所見を短時間で書きたい！

千葉県船橋市立大穴小学校
藤木美智代

Point 1 4月当初に1人1ページのノートをつくる

所見用のノートを1冊つくり，1ページに1人ずつ名前を記入します。ゴム印で名前を押せば時間短縮です。ここに所見ネタをメモします。

Point 2 帰りの会の際，子どもたちの発表を書き込む

帰りの会で，その日にあったよかったこと，がんばったことを発表するコーナーを設けます。子どもたちの発表を聞きながらメモします。

Point 3 行事や授業の様子などをその都度，書き込む

行事に対する取組，授業の中での発言や活動など，気がついたことはその日のうちにすかさずメモします。

Point 4 時間があるときにデータ化し，情報をためておく

パソコンにも所見用のフォルダをつくり，ちょっとした時間があるときにメモしたことを打ち込んでおきます。

Point 1 4月当初に1人1ページのノートをつくる

「さあ所見を書こう」と思っても，子どもたちの帰った教室で，何日も前のことを思い出すには時間がかかります。指導記録や子どもたちの作品を広げながら思い出す，そんな時間を減らすために，所見用ノートを活用します。

1人につき1ページ。上の方に名前を記入します。ゴム印を押すと時間短縮にはなります。個人情報漏洩を懸念するなら，イニシャルや出席番号だけが無難かもしれません。机の上に置いておいて，子どもたちの目に触れてしまっては大変です（よいことだけが書いてあれば問題はないと思いますが）。

このノートに毎日，子どもたちの様子，活躍，発言，行動をどんどんメモしていくのです。

Point 2 帰りの会の際、子どもたちの発表を書き込む

帰りの会の中で、1日を振り返り、友だちのいいところや、自分が頑張ったことを発表する機会を設けます。

このとき、所見用ノートを開き、発表されたことを記録していきます。子ども同士でしか見えないことや、日常のほんの些細な出来事でも、その日のうちに記録しておけば、後から記憶を辿る必要がなくなります。

「先生のお話」をする際には、日ごろ名前が出てこない子のよいところやがんばったことをみんなに伝え、そのこともノートに記録しておきます。ノートを見れば、ネタの少ない子が一目瞭然なので、あえて記録の少ない子の言動を観察し、積極的にネタを見つけるようにします。

Point 3 行事や授業の様子などをその都度、書き込む

授業の中でとてもよい発言をしたこと、積極的に活動したこと、ノートに素晴らしい記述があったことなども、このノートにすぐにメモします。見つけたとき、その日のうちがミソです。

図工や家庭科の作品評価なども、その都度メモします。音楽や体育での活動の様子なども、記録しておかないと忘れてしまうことが多いでしょう。

このようにメモをする習慣は、子どもをよく観察する習慣につながります。だんだんと書き留めておきたいことがたくさん見えるようになっていきます。最初は所見を書くために行っていることが、次第に児童生徒理解にもつながる効果もあるのです。何を書こうか迷うということがなくなります。

Point 4 時間があるときにデータ化し、情報をためておく

所見用ノートに書かれたことを、時間があるときにデータ化しておきます。できれば、ある程度文章化しておくとよいでしょう。頭を使って考える必要がないので、ちょっとした時間や、息抜きがてらパソコンに向かえばいいのです。

このようにして、何か月間か書きためておくと、1人の子あたりの分量がたくさんになります。提出が近くなったら、分量の少ない子の記述を増やすようにします。

あとは、規定の文字数になるように削る作業だけです。「書くことが多くて困ってしまう」なんて、贅沢な悩みですね。たくさんの記述の中から精選するので、中身の濃い所見になります。

コミュニケーション

保護者の信頼を失わず，仕事の線引きをしたい！

三重大学・皇學館大学
楠木　宏

Point 1 指導方針を宣言する

保護者は教師の仕事について，意外と知らないもの。学級運営や学習指導方針について保護者に伝え，信頼と仕事の理解を求めます。

Point 2 時事ニュースを流す

学級の様子，行事予定や持ち物など，わかっている限り早く保護者に伝えます。情報化社会，情報の共有が信頼構築への第一歩。

Point 3 はじめての電話はよいことから伝える

問題行動を起こす子どもの家への電話はよいことから。仕事に時間を取られすぎないことが，働き方改革へつながります。

Point 4 学校外のトラブルには踏み込みすぎない

持ち込まれた問題を，何でも解決しようとするのは危険！　１人の保護者に関わりすぎると，多くの保護者の信頼を失うことになります。

Point 1 指導方針を宣言する

４月，保護者にとって新しい担任の指導方針は気になるもの。私はこの時期に，通信やメールで学級運営や学習指導のやり方を次々と連絡していきます。例えば，「宿題は学校に持ってきてはじめて宿題をしたことにします。だから，『家でやったけど忘れてきました』は理由として認めません。一般社会では，そんな言い訳は通じないからです」とか，「通信は原則，週に１回です。保護者の方はもっと多いことを望まれますが，通信は持ち帰り仕事として家で準備しています。残念ながら私の時間も限られています。わかりやすい授業をするために教材研究をしたり，それにつながる読書をしたりする時間が必要だからです」などを通信やメールで保護者に伝えます。

Point 2 時事ニュースを流す

世は情報化社会。何かあるとすぐにSNSで流れる時代です。学校で起きていること、行事などの情報発信を次々と行います。原則として悪いことは流しません。他にも、授業や行事で使う持ち物についても事前に流します。「持ち物については、約1週間前には連絡します。私が忘れていて急に言ったときは、準備できる人だけでいいです。忘れ物にしません。こちらでも用意します」と連絡します。すると、保護者会で「先生、準備物はもっと早く教えてもらえませんか。いつも急で困ります」という意見に、他の保護者から「あら、いつも1週間くらい前には通信に書いてあるわよ」と助け船が出たことがあります。「うちの子は通信を見せないのね」と恐縮していました。

Point 3 はじめての電話はよいことから伝える

問題行動の多い子どもを担任すると、保護者に連絡しなければならないことが多々あります。保護者は「学校からの電話」には、よい印象はありません。そこで、その子がよいことをするまで行動を観察して、見つけたらそれをほめ「お家の方にもほめられたと言うのだよ」と言います。その日の夜、保護者に連絡します。するとほとんどの場合「本当にうちの子が…」と半信半疑ですが、保護者にとってはうれしいものです。「うちの子は叱られることが多かったけれど、新しい先生はよいところも見つけてくれる」と思ってくれます。そして、悪いことを連絡しなければならないときが来ても対応が違います。それが信頼構築と問題解決時の時間短縮になります。

Point 4 学校外のトラブルには踏み込みすぎない

「日曜日に子どもたちが家でテレビゲームをしていた。帰った後で調べたらソフトが1つ足りない。子どもたちに聞いて欲しい」家庭で起こった事件が学校に持ち込まれることはよくあります。しかし、教師はその場にいなかったのだから様子はわかりません。本来は家庭の仕事ですが、子どもたちを集めると手間がかかるのと、保護者間のトラブルになるのを恐れて学校に頼ることが多いのです。このようなとき、私は一通り事情聴取して事実だけを伝えます。話を持ち込んだ保護者は物足りないでしょうが、これに踏み込んではいけません。保護者間に新たな疑心暗鬼が生じるからです。この犯人探しは教師の仕事ではありません（詳細は拙著『教師の仕事ここまで！』参照）。

コミュニケーション

学級通信を手軽にもっと出したい！

東京都調布市立多摩川小学校
庄子寛之

Point 1 授業と連動する

アウトプットすることを決めると，自然とインプットすることができます。学級通信でアウトプットすることは，自分自身を成長させてくれます。

Point 2 毎回同じレイアウトにする

学級通信は，公文書ではないので，出さなくてよいものです。１枚に時間がかかると，習慣化できません。レイアウトはシンプルに。

Point 3 １週間まとめて書く

起案を通して返ってきた頃には，なんだかタイミングがずれていた，ということがないよう，翌週分をまとめて書くことが大切です。

Point 4 「子どものために」ではなく「自分のために」

教師はついつい「子どものために」となりがちですが，「自分の記録のために書いている」と思うと，気軽に書くことができます。

Point 1 授業と連動する

なぜ学級通信を出すのでしょうか。保護者のためですか？　子どもたちのためですか？　もちろんそうです。しかし私は一番に自分のために書きます。

例えば学級通信で、算数の学習について書こうと決めたとします。その算数の時間では、どのような計画で指導し、どの場面で話し合わせ、どの場面を写真に撮り、どの場面を文章に残すか考えます。

これらを考えるのはいつでしょう？　もちろん授業の前からイメージしながら授業に取り組みます。イメージした授業としない授業では、どちらがよりよいものになるかは明白です。

学級通信で発信することは、よりよい授業を行うことにつながります。その積み重ねは、大きな差になります。

Point 2 毎回同じレイアウトにする

デザインがすてきな学級通信にあこがれます。1枚の学級通信に何時間も時間をかける人もいます。すごいなとは思いますが、私は1枚の学級通信には15分程度しか時間をかけません。デザインもすてきとは言い難いです。

素早く学級通信を書くためには、レイアウトを決めておく必要があります。私のつたない文章より、学校の様子がわかる日常の写真、子どもたちの作文を書きます。私の文章は5行程度。これならすぐ書けます。

大事なことは頻度です。1枚に1時間かけていたら、それ以外のことが疎かになってしまいます。決まったレイアウトにして、簡単に書けるようにしておくことが、学級通信を手軽に書くコツだと考えます。

Point 3 1週間まとめて書く

私が毎日学級通信を出し続けられるのは、1週間に1回しか学級通信を書かないからです。

基本は金曜日に翌週1週間分をまとめて書きます。ほとんどの学校は学年主任→主幹→副校長（教頭）→校長と起案を通らなくてはならないため、出したいタイミングで出せないことがあります。そうすると、教師としても書くのが面倒になります。

まとめて書いておけば、毎日出していても週1回で済みます。また、未来を予想しながら行うので、その通りの学級通信が出せるよう、教育活動を工夫することもでき、一石二鳥になります。私は学級通信を未来日記の代わりに使うことで自分の中でなくてはならないものにしています。

Point 4 「子どものために」ではなく「自分のために」

学級通信を保護者や子どものために書くと長続きしません。自分のために書くから長続きするのです。

あなたが教師を辞めるとき、教師としての自分の歩みを証明してくれるのは学級通信です。自分の計画簿などよりも、はるかに詳細に書かれており、読んでいておもしろいです。

学級通信は公文書ではありません。あなたがやらなければいけない仕事ではありません。義務感でやるなら真っ先にやめるべきです。ましてや、「こんなに学級通信を出しているのに、保護者はわかってくれない」などと考えてもいけません。

学級通信を書くことで成長しているのはあなた自身です。だからこそ、書く意味があるのです。

コミュニケーション

打ち合わせ・会議を短時間で済ませたい！

大阪府公立小学校
樋口綾香

Point 1 「確認」か「提案」かを明確にする

「確認」は淡々と，「提案」は詳細まで明確に説明し，どんな意見がほしいかを具体的に伝えられるように準備をします。

Point 2 「提案」に対する代案を複数用意する

提案内容について，複数の代案を用意することで，聞き手が意見を出しやすくします。

Point 3 事前に提案内容について周知しておく

重大な提案がある場合は，事前に伝えておき，話し合う場を設けることで，全員が自分ごととして考えられるようにします。

Point 4 開始と終了の時刻を正確に決め，全員が守る

全員が時間を守る意識をもつとともに，終了時刻を告げることで，打ち合わせや会議が短時間で終わるよう協力を促します。

Point 1 「確認」か「提案」かを明確にする

打ち合わせや会議が長くなる要因として考えられるのが、用意した資料を司会者や提案者がすべて読むことや、提案内容が不明瞭で共通理解が十分にできず、意見がなかなか出ずに時間が過ぎてしまったりすることです。

　このような事象を減らすために、打ち合わせや会議の内容を考え、資料を作成する際、「確認すべきこと」と、「提案して意見を聞くこと」をはっきりとさせます。

　「確認すべきこと」は、すべて読み上げず、各自で読んでおいてもらうよう伝えます。会議の場では、「提案」について詳しく説明し、どんな意見がほしいかを具体的に尋ねるようにしましょう。

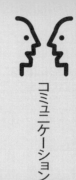

Point 2 「提案」に対する代案を複数用意する

「○○について意見をください」のように、大雑把に投げかけると、問われた方はどう答えていいのだろうかと戸惑います。

そこで、提案する内容について、どのような意見がほしいかを考え、いくつかの想定される意見のパターンを出すようにします。

例えば、賛成か反対かを問う場合、反対があったとき、その後の選択肢を用意しているかどうかで大きく進み方が変わります。提案したい内容が通らなかった場合、他の案では可能かどうかをさらに提案できるように準備しておきましょう。代案は、2つから3つほど用意しておくのがおすすめです。

Point 3 事前に提案内容について周知しておく

重大な提案内容であった場合、会議が始まってからのわずかな時間では、深く考えることが困難な場合があります。浅い考えで決めてしまうことには問題がありますが、会議の中で、「○○について、また考えておいてください」とすると、提案自体がなかったことになる可能性もあり、十分に考える時間を確保するということは大変重要です。

そこで、職員朝礼や掲示板などで、「○○について次の会議で提案します。学年団などで話し合い、考えておいてください」と予告しておきます。1人で考えるのでなく、話し合う時間があることは、若手の意見も伝わりやすくなるので、全体で意見が出しやすくなり、提案の内容が自分ごととして認識されるためにも有効です。

Point 4 開始と終了の時刻を正確に決め、全員が守る

学校現場の打ち合わせや会議で、開始時刻が守られなかったり、終了時刻が決まっていなかったりすることはありませんか。不測の事態で遅れることは別として、会議や打ち合わせの時間を守る意識を職員間で徹底することは何よりも大切なことではないでしょうか。

学年会でも職員会議でも、はじめに案件を確認する前に、終了時刻を確かめます。そうすることで、提案者と参加者の両者に「時間内で終わるよう協力し合う」という意識を育てることができます。全体へひと言確認することが、打ち合わせや会議を円滑に進行し、短時間で終わらせることにつながるのです。

校務分掌のムダをなくして質を高めたい！

京都文教大学
大前暁政

Point 1 仕事を「創造性の必要度」で区別する

仕事を，ルーティンワークと創造的な仕事とに区別します。そして，創造的な仕事の方に，時間と労力をかけるようにします。ルーティンワークは，効率化を図って，時間と労力をかけないようにします。

Point 2 プラスの方向でゴールを設定する

「○○にならないように」ではなく，「○○になるといいなあ」というプラスの方向でゴールを設定するようにします。プラスの方向にフォーカスするからこそ，様々な「前向きな手立て」がはじめて見えてきます。

Point 3 しなくてもよかった仕事をなくす

ルーティンワークの中には，必要のない仕事が混ざっていることがあります。「しなくても影響がなかった」仕事は，来年から「削除する」必要があります。削除して生まれた時間を創造的な仕事の方へ使うことができます。

Point 1 仕事を「創造性の必要度」で区別する

仕事には、ルーティンワークと、創造的な仕事とがあります。

ルーティンワークは、体育主任なら、「プールの管理」や、「遊具の安全点検」といった仕事です。必要な仕事ですが、定常作業で、工夫の余地は少ないです。

反対に創造的な仕事もあります。例えば、「運動好きを育てる体育イベントの計画」、「休み時間に取り組む体力づくり年間計画の策定」などです。毎年やり方は変わりますし、新しい活動を生み出すこともあります。

生徒指導主事なら、「生き生きと学校で過ごせるようにする方策」を考える仕事がそれにあたります。

理科主任なら、「理科好きの子を育てるための年間計画」や、「新しい科学教材の開発」を考える仕事です。

このような創造的な仕事に、時間と労力を使うべきです。そこで、ルーティンワークは、効率化を考えなくてはなりません。

例えば、プール管理なら、誰でも同じ質で管理できるよう、マニュアルをつくって分担しておくとよいのです。

理科室の管理も効率化します。例えば、掃除時間に各教員が点検に回るシステムを構築します。これだけで特別な時間をとらなくても、理科室は清潔に、整頓できている状態になります。

Point 2 プラスの方向でゴールを設定する

校務分掌を受けもったら、プラス方向で、ゴールを考えるようにします。

生徒指導主事なら、「問題行動を起こさないように」と考えるのはマイナス方向のゴールです。

反対に、「子ども一人ひとりの個性を伸ばすように」「一人ひとりに活躍の機会があり、自己実現ができるように」ならプラス方向のゴールです。

生徒指導主事は、「いじめを防止する調査」を行い、いじめがあったら、二度と起こらないよう対応するはずです。

このときも、「いじめを防止する」ことが最終的なゴールではなく、「どの子も安心して、生き生きと自分の個性を発揮できる学校をつくる」ために、「いじめも防止する」と考えるのです。

いじめにフォーカスするよりは、視点を「どの子も生き生きと生活できる」方にフォーカスした方がよいのです。

プラス方向にフォーカスすると、「いじめ防止」以外にも、例えば、「個性を生かすための適材適所を各学級で考えよう」「がんばりを振り返る時間を定期的にとろう」「教育相談で、その子のよいところを担任が讃える時間をとろう」などと、まったく別方向の手立てがはじめて「見えてくる」のです。

Point 3 しなくてもよかった仕事をなくす

してもしなくても変わらない仕事は、時間の無駄なので、なくしていきます。

例えば体育主任の、運動場の草抜きです。草が生えないようにするとか、掃除時間に草抜きをすれば、特別な時間をとる必要はなくなります。

会議もほとんどが無駄です。全員の意見をメールか何かで集めて、原案をつくります。その後、メールで稟議すれば済みます。わざわざ同時に、顔を合わせて会議する必要はないのです。

時間は有限です。創造的な仕事を1つ生み出したら、1つの仕事をなくさなければなりません。「仕事を減らす」ことも、創造的な仕事には必要なのです。

コミュニケーション

根回し・交渉上手になりたい！

千葉県袖ケ浦市立蔵波小学校
瀧澤　真

Point 1 誰にどの順番で根回しするのか見極める

職員全員に根回しすることはできません。そこで，大切なのは誰に根回しするのか，そして誰から根回しするのかです。それを間違えると，根回しはうまくいきません。

Point 2 あなたに頼まれたなら仕方がないと思わせる

何をどう伝えるのかよりも大切なのは，誰が伝えるのかということです。あなたの頼みなら受け入れるという，人間関係をつくりましょう。

Point 3 根本的な目的を共有する

学校での交渉で大切なのは，相手に勝つことではなく，子どものためになる取組につなげることです。そのために，根本的な目的を共有しましょう。

Point 4 聴いてから訊く

提案さえ通ればよいわけではありません。その後の協力を得るためにも，まずは聴く。そして訊くようにしましょう。

Point 5 譲歩してから歩み寄る

どうしても通したい提案があったら，少し高めの要求をして，そこから譲歩していくようにしましょう。

Point 1 誰にどの順番で根回しするのか見極める

物事を円滑に進めるには、根回しが欠かせません。例えば、ある人が、何の前触れもなく、みんなが驚くような提案をしたとします。すると、もしその提案自体が、よいものであったとしても、たいていは会議を通りません。むきになって、正論を振りかざしても逆効果です。「前例がない」「心配な点が多い」と敬遠されるでしょう。また管理職から、「聞いていない」と反感を買うこともあるでしょう。仮にその意見が通ったとしても、わだかまりが残ります。

だからこそ、根回しをしておくことが大切です。しかし、職員全員に根回しする時間はありません。そこで重要なのが、キーパーソンを見つけるということです。どこの学校にも、一目置かれていて、周囲に影響力のある人がいるものです。そのキーパーソンが常に自分の味方をしてくれるのならいいのですが、内容によっては、そうはいかない場合もあるでしょう。また賛成する人と、反対する人、両方がいる場合もあるでしょう。そのようなとき、まずはどちらに根回ししますか。

基本的には、味方から行く方がうまくいきます。味方なので、提案について賛成してくれるでしょう。そこで、反対しそうな人に根回ししたいのだが、どんなふうに話を持って行ったらよいかと相談するのです。そしてそのアドバイスを参考にして、反対派に相談にいくのです。そうすれば根回しが成功する確率が高くなります。

Point 2 あなたに頼まれたなら仕方がないと思わせる

交渉がうまくいかない原因は、何でしょうか。実は、内容が気に入らないのではなく、あなたが気に入らないという場合もあるのです。何を言うかではなく、誰が言うかが大切なのです。同じことを言っても、人によってその重みが違います。だからこそ、普段から信頼を高める必要があるのです。

また、交渉が必要な相手というのは、たいてい苦手なタイプではありませんか。仲のよい人ならば、あまり根回し、交渉ということに気を遣わなくても、自然に相談できるものです。

ですから苦手なタイプ、今後交渉が必要となりそうな相手には、日頃から積極的に関わり、少しでも信頼感、親密感をもってもらうようにしましょう。

「単純接触効果」といって、人は接する回数の多い人に親しみをもち、信頼を寄せるようになるからです。

そこでお勧めなのが、「安近短」というキーワードです。苦手な相手を見かけたら、自分から近づき、気安く、短く声をかけるのです。声をかけるといっても、「先生、おはようございます。今日も暑いですね」程度でよいのです。とにかく、頻繁に声をかけましょう。

また、何か頼まれたら、誠意をもって対応したり、荷物を持つのを手伝ったりするなどの気遣いも有効です。

Point 3 根本的な目的を共有する

ビジネス現場での交渉と、学校現場での交渉は違います。学校での交渉は、勝つためではなく、よりよい教育のために行うのです。ですから、意見が分かれた場合は、どんな目的でそのことを行うのか、それがどのように子どもの成長に寄与するのかという、根本を押さえることが大切です。

例えば、卒業式で6年生全員が、お別れの言葉の呼びかけを行っていた学校でのことです。ある年に教務主任から、「卒業式の時間短縮のために、代表だけの発表に変更しよう」と提案されました。教務主任の提案は、式の時間の短縮、練習時間の短縮により、子どもの負担を減らしたいという思いから出されたものです。

それに対し、私は一人ひとりに活躍の場を与えたいという考えをもっていました。このときに、どちらの方法がいいのかで争ったら、けんか別れになってしまう可能性もあったでしょう。

しかし、まずはどちらも子どものためを思ってのことだということを確認したのです。そして、どうしたら、双方の思いがかなうのか、W-I-N-W-I-Nとなるのかという方向で、アイデアを出し合ったわけです。

結局は、全員が発表するが、台詞を大幅にカットすることで話がまとまりました。根本を確認したからこそ、お互いが納得できる結果になったのです。

Point 4 聴いてから訊く

根回し、交渉のベースは相手の考えを知ることです。自身の主張を声高に叫んでも、ものごとは解決しません。たとえ自分の考えが通ったとしても、その後の協力を得るのは、難しくなります。

そこで、まずは聴くことを大切にしていきましょう。「聴く」とは、単に音声として聞くのではなく、まっすぐな心、素直な心で聴くことです。先入観をもたずに、相手の主張を傾聴するのです。

次に、その主張を否定せずに、もっと詳しく知りたいことを訊きます。また、なぜそうなるのかも訊きます。すると、相手は自説について冷静に考えるようになり、歩み寄ってくる可能性があるのです。頑なな対応には頑なな反応が、柔らかな対応には柔らかな反応が返ってくるものです。

例えば、あるとき、学年主任が校外学習の場所を変更したいと提案してきました。私としては、その案には反対だったのですが、まずはその思いを否定せずに、十分に聴くようにしました。そうやって素直に耳を傾けると、なるほどと思える部分もあります。それから、では、今までの場所ではそれができないのかと訊きました。すると、できることも多そうだという結論になり、場所ではなく内容の見直しを検討していくことになりました。

Point 5 譲歩してから歩み寄る

どうしても通したい提案があり、反対する方が多いだろうと予想される場合には、はじめにやや大きめの要求、これは通らないだろうという要求をしましょう。人は相手に何かしてもらったら、そのお返しをしなければと思うものです。これを「返報性の原理」と言いますが、こうした心理テクニックを使うのです。

例えば、朝の読書タイムがすべてドリル学習に変わってしまった学校で、せめて週に1回は読書の時間に戻したいと考えたことがあります。そこで、原案としては、週5回の朝の読書の復活としました。さらに1で述べたように、キーパーソンのうち、この提案に反対するだろう方のところに事前に話を持って行きました。そして、「この原案を通したいのだが、どうしたらよいのだろうか」と相談しました。すると、「毎日では通せない。せめて週に1回か2回としたらどうか」とアドバイスを受けました。私はそこで、譲歩し「週に1回」と提案することにしたのです。こうして譲歩することで、相手は私にお返しをしなければと思うようになり、会議では積極的に私の案を支持してくれました。その結果、私の意見はスムーズに通りました。

なおこの方法は、テクニック主体で、何度もやると「いつも無理な提案をする」と、信頼をなくす結果になりますので、ここぞという場合のみにしましょう。

ICT活用

PCの設定を工夫して効率を上げたい！

小学校教員
エイ

Point 1 ユーザー辞書に名簿を登録する

名簿をユーザー辞書に登録することで，スペルミスや漢字の変換ミスがなくなります。入力も速くなるので，仕事が効率化します。

Point 2 フォルダのショートカットをつくる

デスクトップのショートカットファイルやフォルダは「オリジナルのショートカット」を作成すると，アクセスがより速くなります。

Point 3 パソコンの画面にメモをする

Windows に純正でインストールされている「StickyNotes」を使うと，デスクトップ画面に付箋を貼ることができます。

Point 4 タスクバーを制する者は仕事を制す

よく使うアプリは，タスクバーにピン留めしておくとすぐに開くことができます。さらに特定のキーを押すだけで開くこともできます。

Point 5 マウスポインターの移動を速くする

「マウスポインターが遅い」と感じたことはありませんか？ 「設定」を変更することで，マウスポインターの速度をカスタマイズできます。

Point 6 ポンコツ校務パソコンを調整する

その他，パソコンの処理速度を改善するアイデアをまとめました。古いパソコンやスペック不足のパソコンで試してほしい８つの方法です。

Point 1 ユーザー辞書に名簿を登録する

みなさんは、子どもの漢字の変換に困ったことはありませんか？

ユーザー辞書とは、特定の単語を追加・削除することができる機能です。4月にクラスの児童名を一括で登録しておけば、文章の作成が早くなり、漢字間違いなどのミスも防止できます。

一括登録の方法は、まず、エクセルで名簿を作成します。ポイントは、左から、「読み」「語句」「品詞」の順に入力しテキストファイルにすることです。

読み	語句	品詞
おおのけんいち	大野健一	名詞
こすぎふとし	小杉太	名詞
さくらももこ	桜もも子	名詞
ささやまかずこ	笹山かず子	名詞
じょうがさきひめこ	城ヶ崎姫子	名詞
すぎやまさとし	杉山さとし	名詞
せきぐちしんじ	関口しんじ	名詞

このとき、苗字と名前の間にスペースが空いているとエラーになるので、注意してください。

もし、スペースを一括で消したいときは、置換を使うと便利です。検索欄にスペースキーを入力し、置換欄を空白にすれば一発でスペースを削除できます。

テキストファイルは2種類あります。保存するときは、テキスト（タブ区切り）を選んでください。

これで下準備は完璧です。後は、つくったテキストファイルをユーザー辞書に読み込んでいくだけです。

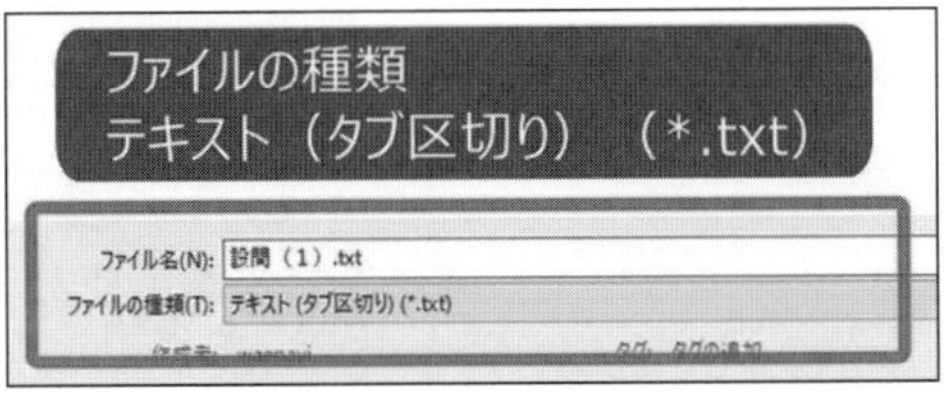

まず、タスクバーの文字入力を右クリックします。

次に、「単語の追加」を選択します。後は、「ユーザー辞書ツール」を開き、タブの「ツール」から、「テキストファイルからの登録」を行えば、一括で辞書登録ができます。

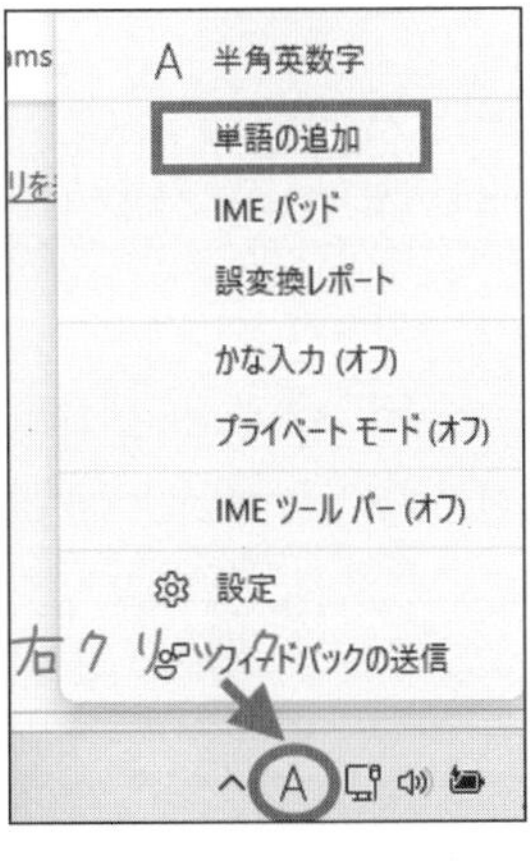

他にも、学校の住所、郵便番号、電話番号、行政番号、職員番号、校長名、よく使う挨拶文などを登録しておくと変換が速くなります。よく使う単語は、登録しておくと便利ですよ。

Point 2 フォルダのショートカットをつくる

デスクトップにショートカットフォルダを置いている人をよく見かけます。これ、実は一手間を加えるとさらに速くアクセスすることができます。

それが「ショートカットの作成」です。これを使うと、特定のキーを押すだけで、フォルダを開くことができます。

方法は、ショートカットフォルダを右クリックし、「ショートカットの作成」を選択、プロパティでオリジナルのショートカットキーを設定するだけです。

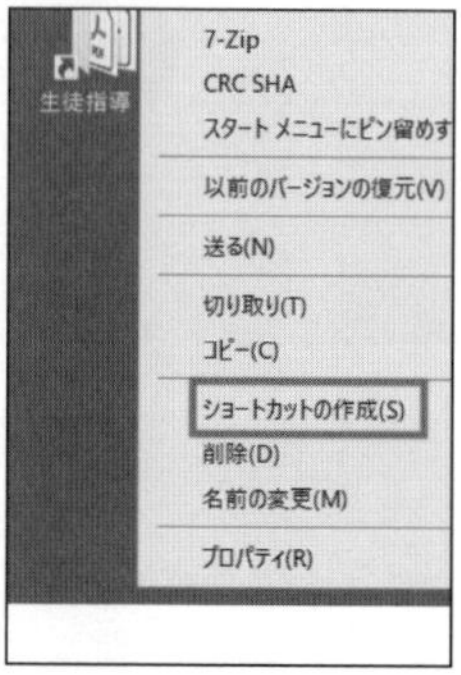

設定時のポイントは2つあります。「忘れにくいこと」と「重複しないこと」です。6年生なら「6」、体育なら「T」と頭文字を入れると忘れにくくなります。

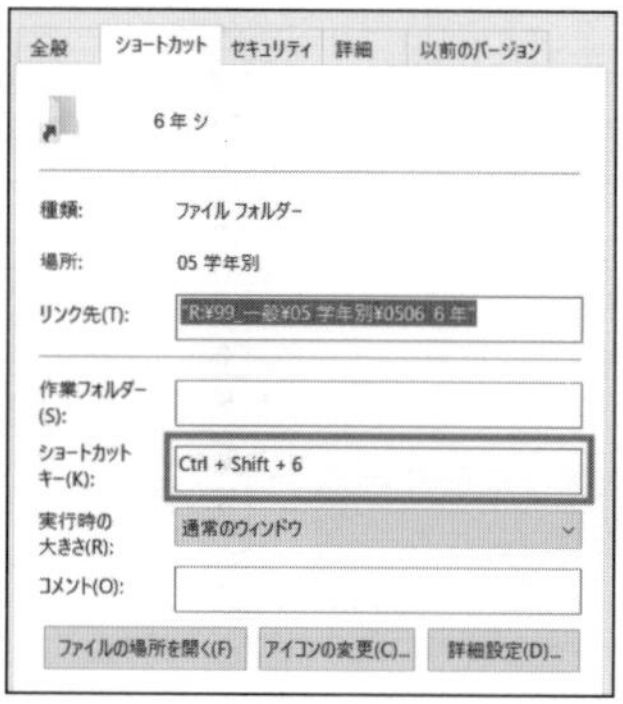

ただし、アルファベットは、デフォルトで登録されている他のショートカットキーと重複してしまうことがあります。そこで、「Shift キー＋Windowsキー＋頭文字」にすると重複しないのでおすすめです。

Point 3 パソコンの画面にメモをする

机の上が付箋だらけで困ったことはありませんか?

そんなときは、画面にメモをしてみてはいかがでしょうか。Windowsには「StickyNotes」という標準のメモアプリが搭載されています。

これを使えば、デスクトップにメモを貼ることができます。さらに、Outlookともリンクでき、教室や自宅からも確認することができます。

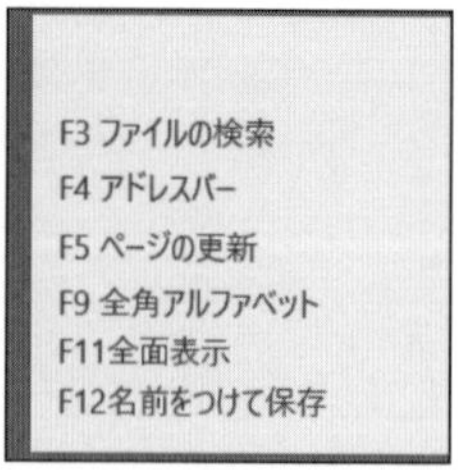

私は，忘れやすいショートカットキーなどをメモしています。

Point 4 タスクバーを制する者は仕事を制す

『SLAM DUNK』の安西先生がこう言っていたかは定かではありませんが、タスクバーには、よく使うアプリをピン留めしておくと便利です。ピン留めの方法は、右クリックで選ぶだけです。

さらにタスクバーのアプリは、「Windowsキー＋数字」で開くことができます。9つまではこのショートカットが使えるので、よく使う順で並べておくとアプリの起動が速くなります。

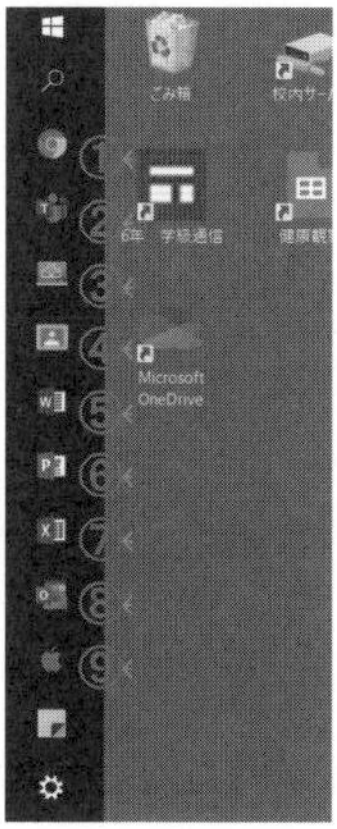

※Windows10ならタスクバーを縦配置にでき、画面を広く使えます。

Point 5 マウスポインターの移動を速くする

「マウスポインターが遅い」と感じたことはないでしょうか。初期状態では、中間の速度に設定されていますが、「設定」の「マウスポインターの速度」で移動速度を変更できます。

方法は、「スタート」→「設定」→「Bluetoothとデバイス」→「マウス」→「マウスポインターの速度」で変更できます。

お好みの速度を探してみてください。

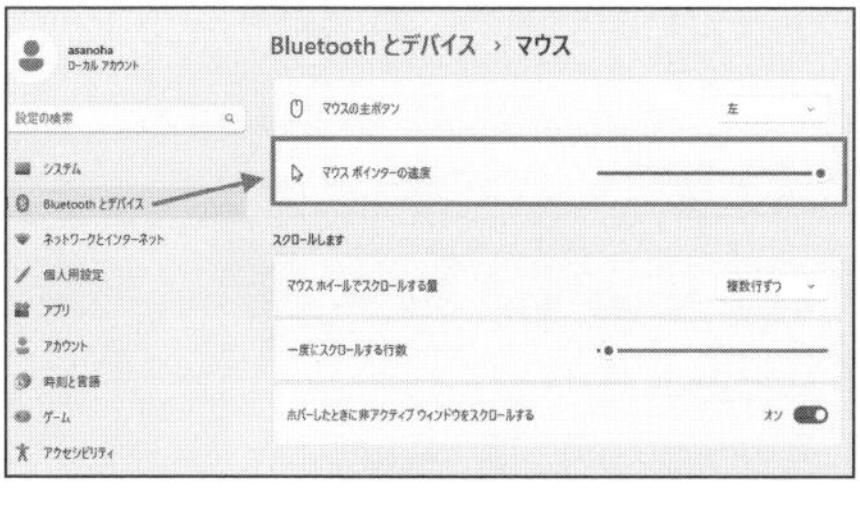

Point 6 ポンコツ校務パソコンを調整する

学校のパソコンのスペック不足で悩んでいる方は多いのではないでしょうか。そんな時は、いくつかの設定をし、少しでも快適に動くように調整しましょう。以下に項目だけあげておきます。詳しくはネットやYouTube等を参考にするとわかりやすいと思います。

①スタートアッププログラムの削除
②不要なソフトのアンインストール
③ディスククリーンアップ
④パソコンのアップデート
⑤デフラグメーション
⑥パワーオプションの最適化
⑦ビジュアルエフェクトの調整
⑧メモリの増幅

以上の設定をすることで、パソコンの性能が速くなる可能性があります。

Excelをもっと有効に活用したい！

ICT教育ブログ「Apple technica」運営
橋本　優

Point 1 関数を使わなくても活用できる

Excelには関数以外にも便利な機能がたくさんあります。関数に苦手意識がある人でも簡単に活用できる方法をご紹介！

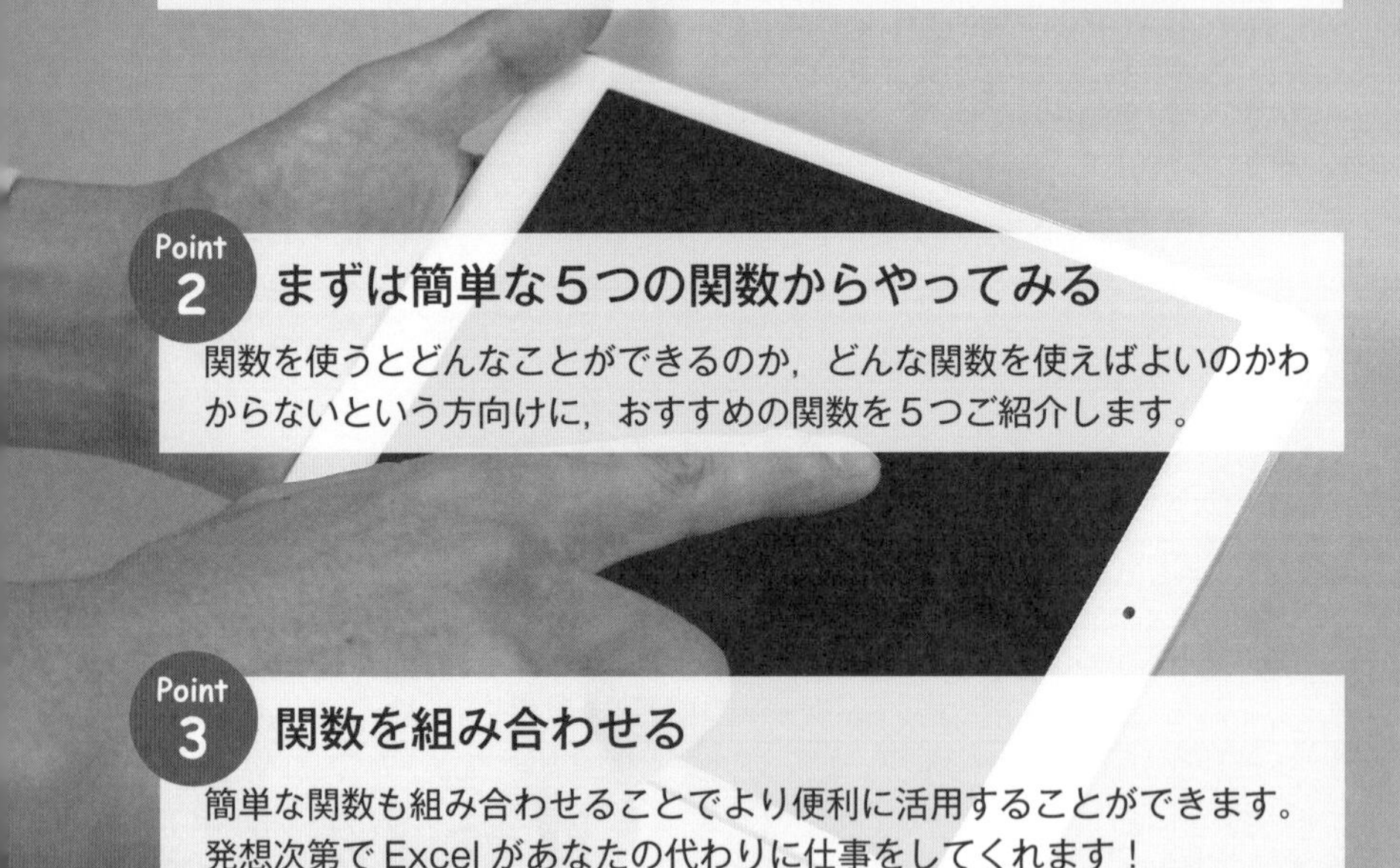

Point 2 まずは簡単な５つの関数からやってみる

関数を使うとどんなことができるのか，どんな関数を使えばよいのかわからないという方向けに，おすすめの関数を５つご紹介します。

Point 3 関数を組み合わせる

簡単な関数も組み合わせることでより便利に活用することができます。発想次第でExcelがあなたの代わりに仕事をしてくれます！

Point 4 【応用】VLOOKUP関数が活用のカギ

最後は応用編。少し難易度が上がるものの，学校現場では活躍の場面が多いのでぜひ活用してほしいVLOOKUP関数のご紹介。

Point 1
関数を使わなくても活用できる

「Excelを活用する」と聞くと、関数やマクロを使わなければいけないと思われる方が多いのではないかと思います。この第一印象がExcel活用を遠ざけている原因だと思いますので、この章では「関数（マクロ）を使わなくてもExcelは活用できる」という例をご紹介したいと思います。

早速、イメージが湧きやすいように具体例を交えながらご紹介していきたいと思います。

Excelには、「入力規則」や「条件付き書式」という機能があり、プルダウンで選択肢を表示させたり、数値などに応じてセルを赤く表示させたりする機能があります。

この「入力規則」と「条件付き書式」を組み合わせることによって、提出物の管理や評価を簡単に行える名簿が作成できます。

「入力規則」の「リスト」という機能を使うことで、ドロップダウンリストから選択肢を選べるようになるので、「提出済」「再提出」「未提出」などの選択肢から簡単に提出物管理を行うことができるようになります。

「条件付き書式」は、自分で設定した条件と当てはまる場合のみ、セルや文字の色を変更することができる機能で、先ほどの「入力規則」とあわせると、「未提出」のセルは赤く表示するといった設定ができます。

詳細な設定方法については割愛しますが、これにより関数は一切使用せずに簡単に提出物管理ができる名簿が完成します。

	漢字ノート	計算ドリル	縄跳び記録表
青木 太郎		提出済	未提出
笠井 優香	提出済 再提出 未提出	提出済	提出済
佐々木 二郎		提出済	提出済
高橋 彩	提出済	提出済	未提出
永井 裕太	提出済	提出済	提出済
橋本 賢治	提出済	再提出	提出済
松井 友梨	提出済	未提出	提出済
矢井田 浩太	提出済	提出済	提出済
和田 啓介	再提出	提出済	提出済

Excelは非常に高機能なので、どこから活用したらいいかわからないという方が多いと思いますが、他の物事と同じでできるところから、簡単なと

ころから少しずつ活用していくだけで大丈夫です。活用していく中で、「あれがしたい」「これもできそう」と少しずつ活用の幅が自然と広がっていきます。

以降は、簡単な関数もご紹介しながら、Excelが苦手という人でも「これならできそう」「これやってみたい」と思えるような活用例をご紹介したいと思います。

Point 2 まずは簡単な5つの関数からやってみる

ポイント1でお伝えした通り、関数を使わなくても活用することは可能ですが、Excelをより便利に使うには関数が必要になってきます。500ほどある関数の中から、最初に使ってほしい関数を5つ、具体例を交えながらご紹介していきます。

1つ目は、文字数を数えるだけの関数「LEN関数」です。この関数は、文字数を知りたいセルを指定するだけの簡単な関数で、所見をExcelで書くときなどに便利です。

2つ目は、選択したセルの数値の合計を計算する「SUM関数」です。関数の中では最も有名な関数の1つかと思いますが、個人のテストの合計点などを算出する際に活用できます。

3つ目は、選択した複数のセルの平均値を求める「AVERAGE関数」です。クラスの平均点を算出する際などに利用します。

4つ目は、指定した条件と一致した場合と一致しなかった場合で答えを分岐できる「IF関数」です。様々な評価項目を点数で記録している場合に、90点以上ならA、70点以上ならBといった条件分岐ができます。

5つ目は、指定した条件に等しいものだけカウントする「COUNTIF関数」です。90点以上の生徒の数を数えるといった活用ができます。

いずれの関数についても詳細な使用方法はご紹介できませんが、比較的簡単に学校で活用しやすい関数なので、ぜひチャレンジしてみてください。

なお、Excelの「挿入」メニューから「関数」を選択すると、左図のように関数の検索や関数の使い方を見ることができます。

Point 3 関数を組み合わせる

ポイント2では、まず使ってみてほしい5つの関数をご紹介しました。一つひとつはとてもシンプルな関数ですが、これらを組み合わせることでより便利に活用することもできます。

例えば、条件分岐のできるIF関数。90点以上ならA、それ以外ならBというように、2つにしか分岐できない関数ですが、IF関数の中にIF関数を入れることで、90点以上ならA、90点より低く70点以上ならB、それより低い場合はCというように3つ以上に分岐することができるようになります。

関数自体は長くなってしまいますが、簡単な関数でより複雑な活用ができるようになります。

そのほか、関数と条件付き書式を合わせることで、特定の結果のみ強調させることができるのでおすすめです。

Point 4 【応用】VLOOKUP関数が活用のカギ

最後は応用編として、VLOOKUP関数をご紹介したいと思います。

VLOOKUP関数は、別の場所から必要な情報を抜き出して表示したいときに便利な関数です。

例えば、Excelで座席表をつくるときに、座席表の下に名簿を置いておき、出席番号だけ座席表に記入すると名前が座席表に反映されるような仕組みがつくれます（下図参照）。

VLOOKUP関数は今までの関数より数式が長い（引数が多い）ので、やや難しい印象を受けると思いますが、まずは座席表などから作成し、関数の意味を理解してみてください。

Excelには、このほかにも500近い関数と便利な機能が用意されているので、「もっと便利にならないかな」と思うことをきっと実現してくれます。

少しずつ活用の幅を広げ、ぜひExcelで仕事を効率化させてください。

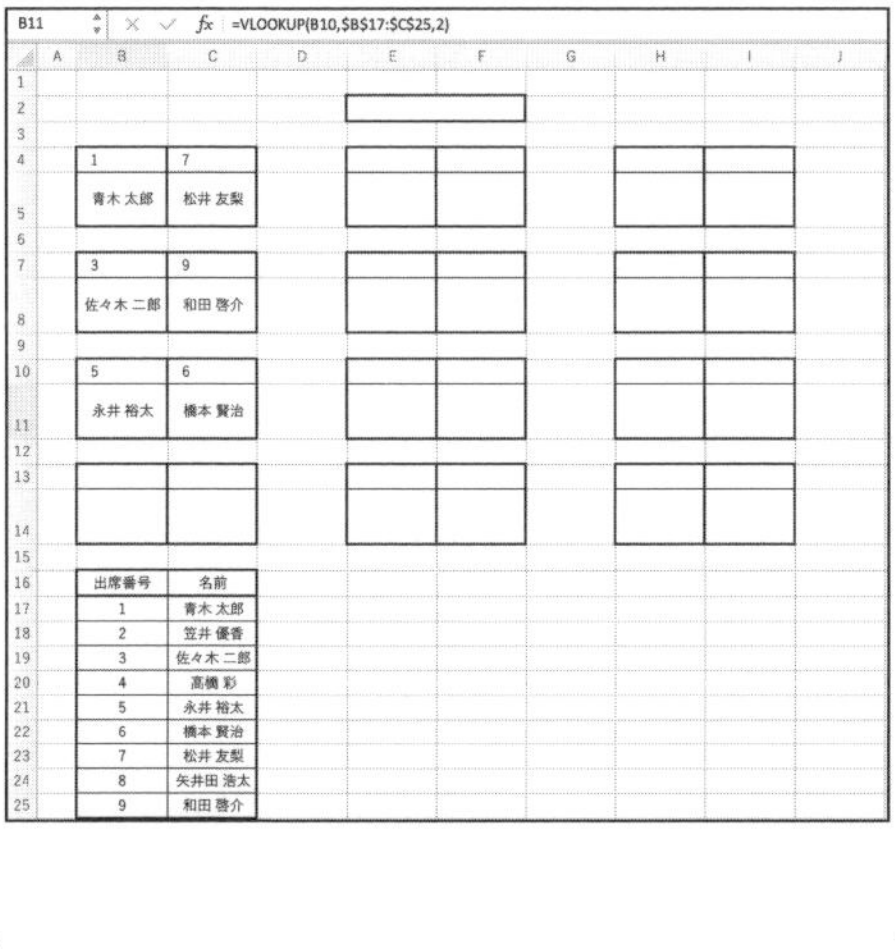

ICT活用

職員間でタスクや予定を手軽に共有したい！

愛知県弥富市立十四山東部小学校
鈴木賢一

Point 1 Google ドライブでデータを共有する

たとえば，歌の音源や委員会からのお知らせ動画など，必要なデータを職員間で共有するにはドライブを使うと便利です。

Point 2 Google スプレッドシートで施設利用を管理する

体育館や運動場，パソコン室や図工室など，共用施設を利用したいときは，スプレッドシートで予約を一括管理できます。

Point 3 Google Classroom で業務連絡をする

Classroom を使えば，手軽に職員間で予定や連絡を共有できます。朝の打ち合わせをなくし，子どもたちと関わる時間を増やせます。

Point 4 Google Chat で連絡を取り合う

学年間でちょっとしたやりとりを行うには，手軽な Chat がおすすめです。グループラインの感覚で連絡や情報を共有することができます。

Point 5 Google カレンダーで行事予定を共有する

カレンダーの行事予定をタップすれば，その行事の資料を見ることができます。各担当者が協働して学校の予定表を作成しましょう。

Point 6 ロイロノートでペーパーレス会議をする

用紙代，インク・トナー代…印刷にかかる手間や費用をカットすることは，会議にかかるストレスを軽減することにつながります。

Point 1 Googleドライブでデータを共有する

　データファイルの保管・共有は、今や学校のサーバーだけでなく、クラウドを利用することが一般的になってきました。個人情報の扱いには十分な注意が必要ですが、校務用のパソコンで作成したデータをタブレットで活用するために、すでに多くの先生方がドライブを活用していることと思います。

　ただ、今でも先生方から、「ラジカセの調子が悪い」「CDを焼くのが面倒」といった声を聞くことがあります。そのような悩みは、メディアプレイヤーなどを使って音源をドライブに入れ、タブレットから音楽を流すか、音が小さければテレビから再生するようにすれば、即解決することができます。

　他にも、委員会からのお知らせをする際、各クラスを回ったり、放送を使ったりするよりも、動画をドライブに入れておけば、朝の会が始まるまでの時間など、それぞれのクラスのタイミングで視聴することができます。

　あくまでもリスクマネジメントをしっかりと行ったうえでの話ですが、このドライブを使って、さらにBYOD(Bring Your Own Device)に取り組むことができれば、働き方改革は確実に進むはずです。

Point 2 Googleスプレッドシートで施設利用を管理する

　体育館など、共用施設の空き状況を確認し、予約をするにはGoogleスプレッドシートを使うと便利です。職員室内のホワイトボードで管理しているという学校もあるかもしれませんが、このスプレッドシートを使えば、いつでもどこからでも空き状況の確認と予約をすることができます。さらに、先に書いたBYODが実現できていれば、出張先やあるいは自宅からでも「明日の6時間目に体育館が空いていれば、学級レクをしよう」といった計画を立てることができます。

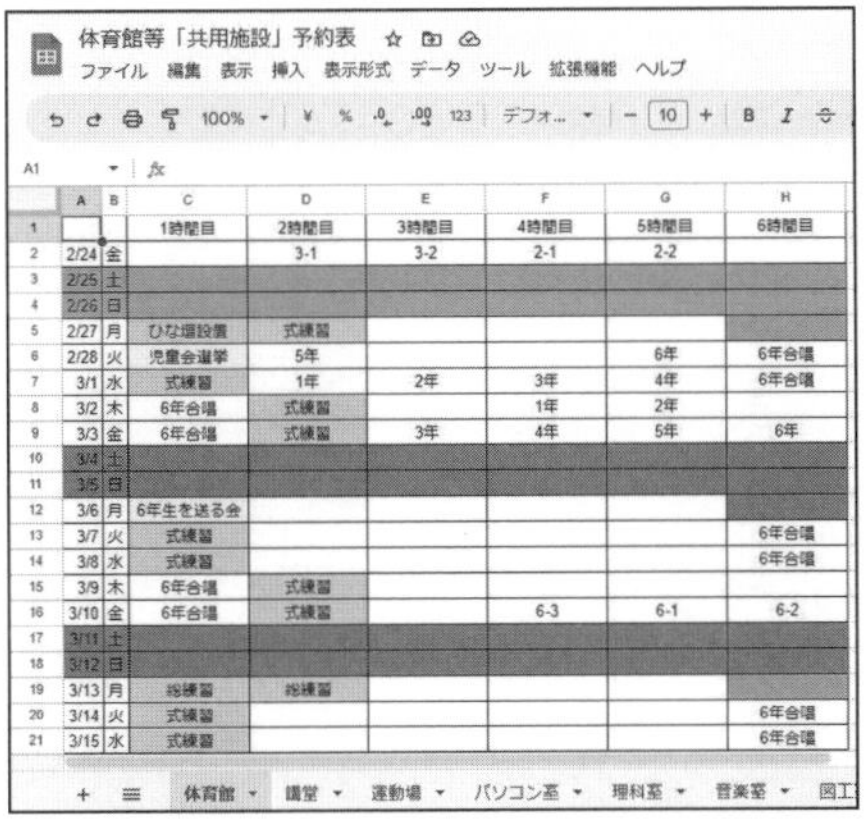

	A	B	C	D	E	F	G	H
1			1時間目	2時間目	3時間目	4時間目	5時間目	6時間目
2	2/24	金		3-1	3-2	2-1	2-2	
3	2/25	土						
4	2/26	日						
5	2/27	月	ひな壇設置	式練習				
6	2/28	火	児童会選挙	5年			6年	6年合唱
7	3/1	水	式練習	1年	2年	3年	4年	6年合唱
8	3/2	木	6年合唱	式練習		1年	2年	
9	3/3	金	6年合唱	式練習	3年	4年	5年	6年
10	3/4	土						
11	3/5	日						
12	3/6	月	6年生を送る会					
13	3/7	火	式練習					6年合唱
14	3/8	水	式練習					6年合唱
15	3/9	木	6年合唱	式練習				
16	3/10	金	6年合唱	式練習		6-3	6-1	6-2
17	3/11	土						
18	3/12	日						
19	3/13	月	総練習	総練習				
20	3/14	火	式練習					6年合唱
21	3/15	水	式練習					6年合唱

Point 3 Google Classroomで業務連絡をする

職員間での業務連絡、情報共有にはGoogle Classroomの活用をおすすめします。

「ストリーム」という掲示板には、主に事務連絡や周知しておきたい情報を書き込みます。通学班を集めたい時や給食に関する注意事項など、様々な連絡の他に、ZoomやフォームなどのURLを貼りつけて、そこからログインしてもらう時にも活用できます。

「授業」は、課題やテストを行うわけではなく、資料（週予定・月予定・年間行事予定・時間割等）を掲載するページとして活用します。通知設定をオンにしておけば、伝達ミスや確認漏れを防ぐことができ、打ち合わせに時間を割くこともなくなります。

Point 4 Google Chatで連絡を取り合う

先のClassroomに比べて、より手軽に連絡や情報を共有できるのがGoogle Chatです。学校全体でというよりも、学年間でのやりとりに使うことが多いように思います。「タブレットを使った教師間のグループライン」というイメージに近い感覚です。

ただし、ClassroomもChatも便利な機能ではありますが、中には通知が来てもチェックする習慣がなく、連絡を見落としてしまう先生がいるかもしれません。便利さだけに頼らず、重要な連絡は、顔を見て直接伝えることを忘れないようにしましょう。

Point 5 Googleカレンダーで行事予定を共有する

Googleカレンダーは、単なる予定表ではなく、資料とリンクしているところに大きな特徴があります。例えば、

6月3日に歯科検診があるとすれば、カレンダーの「歯科検診」をタップするだけで、職員会議のときに保健の先生から提案された資料を見ることができます。

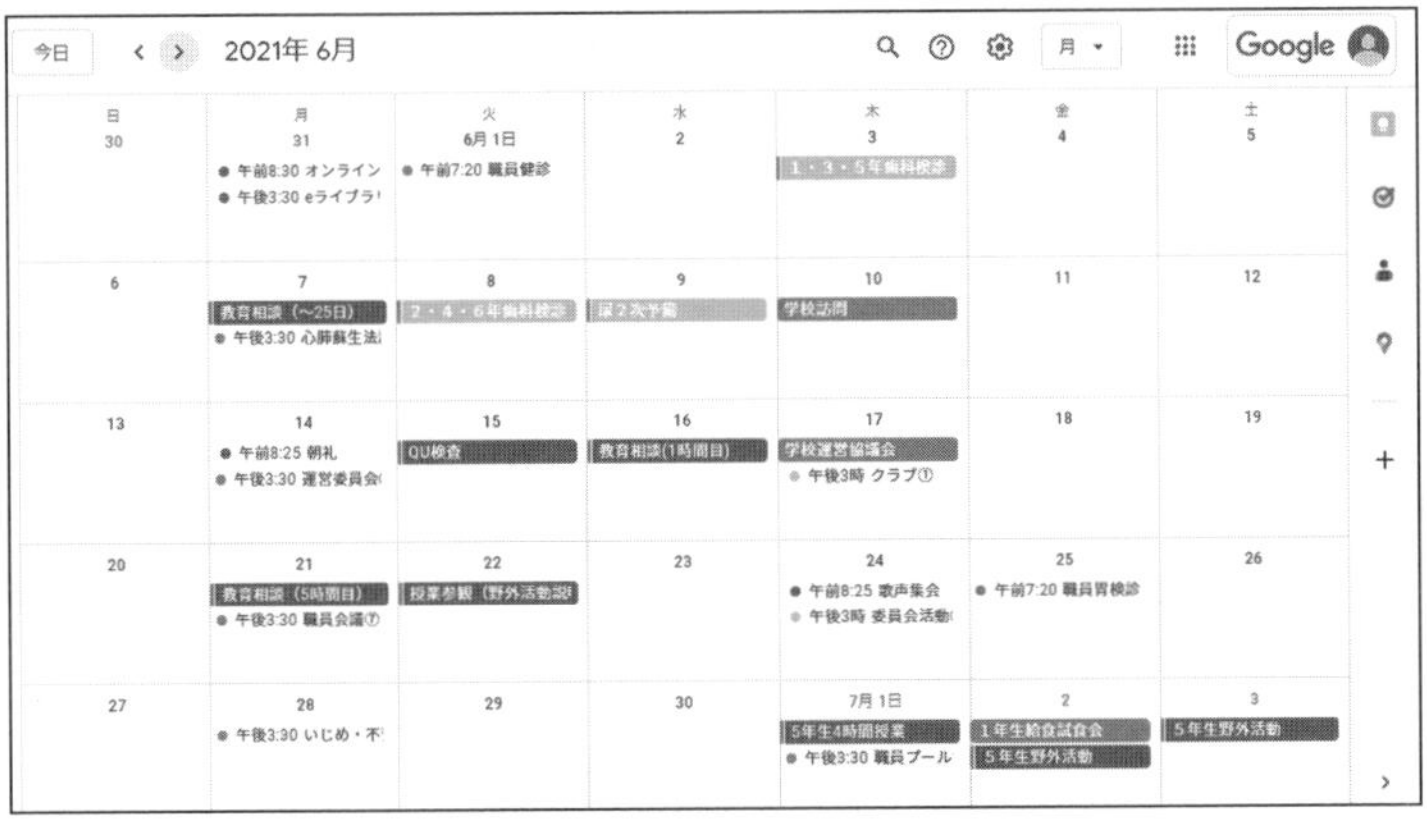

　教務主任の先生が1人で大変な思いをして予定表をつくるのではなく、各担当者がカレンダーに書き込んだり、資料のリンクを貼ったりすることで、一人ひとりの負担やミスを軽減することにつながります。また、学校の予定をみんなで協働してつくっていくことで、職員間に連帯感や一体感も生まれます。

Point 6 ロイロノートで ペーパーレス会議をする

　資料を印刷する手間やコストをカットすると、驚くほど時間を有効に使え、会議のストレスも大幅に軽くなります。

　ロイロノートでは、「職員会議」という名前の授業をつくり、そこに新しいノートをつくって会議を進めていきます。資料は提案者から「送る」という機能を使って送信するか、「資料箱」を使うという手もあります。メモを取りたい場合は、指やタッチペンで書き込むか、テキストを使って打ち込むか、あるいはあらかじめ必要なもののみ印刷しておくとよいでしょう。

　なお、ロイロノートが導入されていない学校では、Microsoft TeamsやGoogle Classroomを使ってもある程度同様のことができます（「会議」や「Meet」がすぐにできる分、これらのアプリの方が便利な面もあります）。

　何が何でもペーパーレスがよいとは思いませんが、毎年同じような資料を出しているくらいなら、思い切ってタブレットを使った会議にチャレンジしてみてください。

ICT活用

指導案作成・検討を効果的に行いたい！

青森県つがる市立森田小学校
前多昌顕

Point 1 Web アプリで作成してクラウドに保存する

Web アプリで指導案を作成することで，隙間時間を有効活用できます。クラウド保存でファイル管理やバージョン管理も簡単になります。

Point 2 指導案の様式を可能な限りシンプルにする

Web アプリに合わせて指導案の様式を変更することで，指導案作成の効率が向上します。

Point 3 指導案は印刷しない

指導案は印刷せずにファイル共有しましょう。内容の確認は音声読み上げ機能を使って効率よく進めましょう。

Point 4 検討も参観も共有ファイルにコメントする

コメント機能を使って指導案の検討を進めましょう。参観中も意見や気づきをコメントで共有して事後の話し合いを効率よく進めましょう。

Point 5 研究のまとめもクラウド化する

印刷・製本，PDF 化をやめて，研究のまとめをクラウド内で作成することで年度末の多忙を解消できます。

Point 1 Webアプリで作成してクラウドに保存する

　指導案はGoogleドキュメントやMicrosoft Word OnlineなどのWebアプリでつくりましょう。これまではWordや一太郎等で指導案をつくってきた人が多いかと思います。

　確かにこれらのアプリは高機能ですが、指導案を書くのにここまでの高機能は必要ありません。Webアプリで十分です。

　インストール型のアプリはOSに依存します。例えばWordはWindowsかMacで使うことが基本となります。

　ChromebookにもAndroid版をインストールできますが、全く同じものではないうえに、アプリのインストールを制限されている学校もあります。学校現場でいまだに根強い人気のある一太郎はWindowsでしか使えません。

　Webアプリであれば、ネットにつながりブラウザを開ける環境であればどこでも作業できます。つまり、隙間時間を有効に活用して作業できるのです。

　Webアプリで作成した指導案は、自動的にクラウドに保存されるので保存し忘れることがありません。また、誤ってファイルを上書きしてしまった場合でも履歴を遡れるので上書き事故は発生しません。

Point 2 指導案の様式を可能な限りシンプルにする

　Webアプリでは学校で統一している様式通りに指導案をつくれないという声をよく聞きます。

　例えば(め)や(ま)などの囲み文字はGoogleドキュメントでもWord Onlineでも入力できません。また、複雑な罫線や、行頭の文字下げも苦手です。

　Webアプリで様式を再現できないのであれば、様式をWebアプリに合わせればよいのです。

　囲み文字ができないのであればそのまま「めあて」「まとめ」と書くように様式を変更しましょう。文字の微妙なずれや罫線の崩れを修正するために無駄に時間をかけることをやめましょう。

　指導案作成が手書きからワープロ・パソコンに変わった際に様式の変更は行われているはずです。これまでも道具に合わせて様式は変化してきました。

　Webアプリ、クラウドという新しい道具に合わせて様式を変更し効率よく指導案を作成できるようにしましょう。

Point 3 指導案は印刷しない

作成した指導案の印刷をやめることで時間を短縮できます。

画面上では問題がなくても、印刷するとレイアウトや文字送りが崩れる場合があります。正しく印刷されるように設定を調整する時間は、授業の中身には直結しない、ある意味無駄な時間です。指導案はファイルを共有して配付しましょう。

Googleドキュメントでも Microsoft Word Onlineでも、右上の「共有」をクリックすると、共有リンクを発行できます。

共有する相手を限定したり、ファイルを開いた後にできる操作を制限したりできます。

印刷しないと推敲しにくいという場合は、パソコンに文章を読み上げさせて耳と目で確認することで、誤字脱字や主述のねじれに気づきやすくなります。

Windowsでは Windowsキー＋Ctrl＋Enterでナレーターが起動して、読み上げさせたいテキストを範囲選択すると、選択部分を合成音声で読み上げます。

Macでは範囲選択してからOption＋escを押すことで、選択部分を読み上げます。プレイヤーのウサギのアイコンをクリックすると再生速度を上げられます。

Chromebookでは、まずユーザー補助機能で選択して読み上げにチェックを入れます。

読み上げさせたい文章を範囲選択してから検索キー＋Sを押すと、選択した部分を読み上げます。

Point 4 検討も参観も共有ファイルにコメントする

Webアプリのコメント機能を使うと、同時作業で指導案に対する指摘や意見を述べ合うことができます。コメントには記入した時刻と、記入者の情報が表示されます。指導案自体を編集するのとは違い、レイアウトを壊してしまう危険性もありません。簡単な修正であればその場で完了します。

変更履歴が残るので、提出、差し戻しを繰り返しているうちに最初の案に戻ってしまうこともありません。

Googleドキュメントでは、コメントをつけたい文字列を範囲選択すると、右側の欄外にコメントを追加のアイコンが表示されるので、それをクリックするとコメントを入力できます。

Word Onlineでは、コメントをつけたい文字列を範囲選択すると表示されるミニツールバーの新しいコメントまたは選択範囲の右側欄外に表示されるコメントアイコンをクリックするとコメントを追加できます。

授業を参観する際は、指導案を「閲覧のみ」「コメント可」にして共有し、各自の端末で共有された指導案を開きます。

Googleドキュメントの場合、テキストを範囲選択すると全員の画面でテキストがハイライトされるので、他の人が何に注目して授業を参観しているのかがわかります。追加したコメントは瞬時に授業を参観している人全員に表示されるので、経験が浅い教員は、ベテランの教員がどのような視点で授業を観ているのかがわかるので、漠然と授業を眺めているよりも高い研修効果が得られます。各コメントをクリックすると、返信欄が表示されるので、コメントをチャットのように使って簡単な意見交換もできます。授業が終わった段階で参観者の意見がある程度出揃った状態になるので、効率よく事後の話し合いに進むことができます。

Point 5 研究のまとめもクラウド化する

ほとんどの学校で、研究紀要や研究集録といった研究のまとめを作成していると思います。いまだに印刷・製本して作成している学校も多いようです。PDFにしてCDやDVDに保存している学校も増えてきたようですが、最近の光学ドライブ非搭載の端末やタブレット端末では閲覧できません。

研究のまとめは、印刷もPDF化もせずに、クラウド上に作成しましょう。

Webアプリで作成した指導案は、共有の設定を「閲覧のみ」にすることで、誰かが誤って編集して上書きしてしまうことを防げます。

各ファイルを目次ファイルにリンクしたり、Googleサイトに埋め込んだりして、整理していきましょう。

校内研修が進むのに合わせてその都度整理していくと、年度末の忙しい時期に編集作業をしなくてもよくなります。

これまで紙をベースにした校内研究を進めてきているので、ペーパーレス化、クラウド化を進めると、一時的に効率が低下することが予想されます。軌道に乗ると確実に効率がよくなります。デジタルでもアナログでもできることはデジタルで進めましょう。

ICT活用

子ども・保護者との情報共有をスムーズにしたい！

シンガポール日本人学校　クレメンティ校
堀内成美

Point 1 連絡事項をトピックに分けて投稿する

Google Classroom の「授業」を使って，クラスの子どもたちや保護者への連絡を文章の他にも資料や URL を添付して投稿することができます。

Point 2 意見共有を素早く投稿する

Google Classroom の「ストリーム」は共有したいことを素早く投稿することができ，授業や学校生活での意見共有をするときに活用できます。

Point 3 学級通信・学年便りに QR コードを貼りつける

学級通信や学年便りに QR コードを貼りつけると，データとして見ることができます。

Point 4 カレンダーアプリで予定を共有する

Google カレンダーを活用して，クラスの予定や学校の予定を簡単に確認することができます。

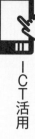

Point 1 連絡事項をトピックに分けて投稿する

Google Classroomの「授業」を使って、クラスの子どもたちや保護者に連絡したいことを文章、資料だけでなく、URLなども添付して投稿することができます。

また、情報のトピックを作成することができ、種類別に投稿することができます。

例えば「学年便り」「学級通信」「週予定表」のように情報をジャンルごとに分けておくと、投稿が整頓されているので非常に見やすくなります。

Google Classroom 上のトピックは整頓しておく

Point 2 意見共有を素早く投稿する

Google Classroomの「ストリーム」を使うと、投稿したいことを投稿者の名前入りでチャットのようにすぐに投稿をすることができます。

授業では、教師の発問をコメントとして投稿し、それに対して子どもたちがコメントをする、という形で、意見をクラス全体で共有し合いたいときに使います。

コメント欄に投稿をすると、投稿者の名前が表示されますので、クラスの誰のコメントなのかがわかりやすくなっています。

また自分の意見や感想を書くことが苦手な子に対しても有効です。たとえば、コメントを投稿した子のものを見て参考にすることもできます。

画像は、2年生の国語の授業の「たんぽぽのちえ」を読んだときの感想をコメントで欄に出し合ったときのもの

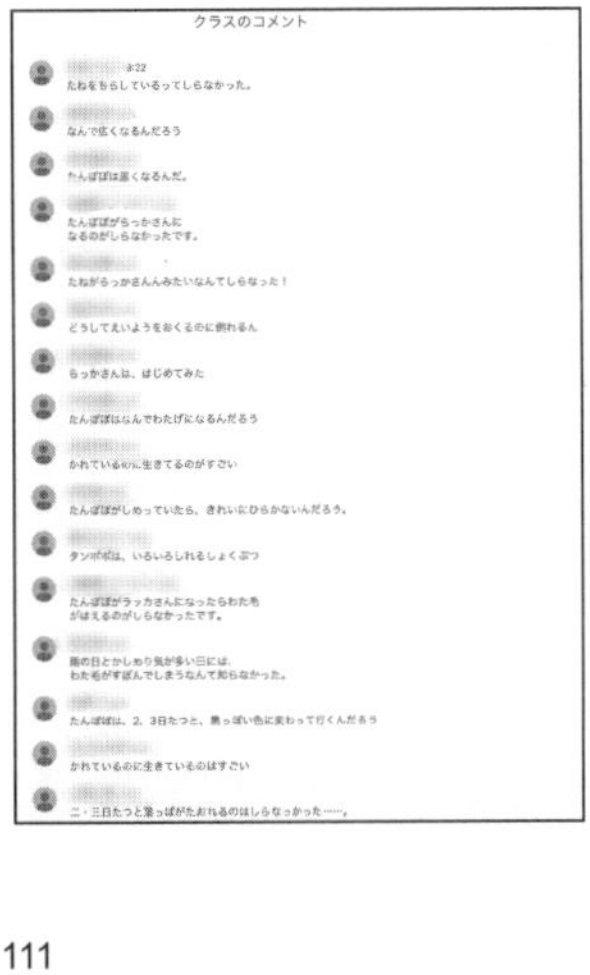

です。

下の画像のように、事前に教師が投稿をつくって授業に合わせて投稿を予約しておけばスムーズに授業中に子どもたちに感想や意見を共有し合うことができます。

感想を書くことが苦手な子も、他の友だちのコメントを参考にして、コメント欄に投稿していました。

授業以外では、「今日1日で友だちのいいところ、がんばっていたところを見つけよう」といった内容をストリームに教師が投稿します。その投稿に子どもたちは、友だちのいいところやがんばっているところを見つけてはコメント欄に投稿していきます。子どもたち同士の仲間づくりにつながります。

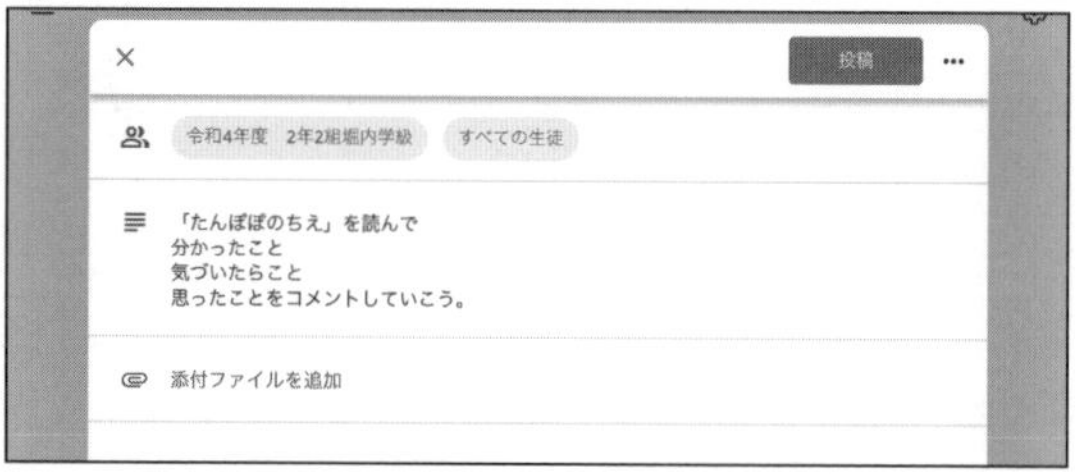

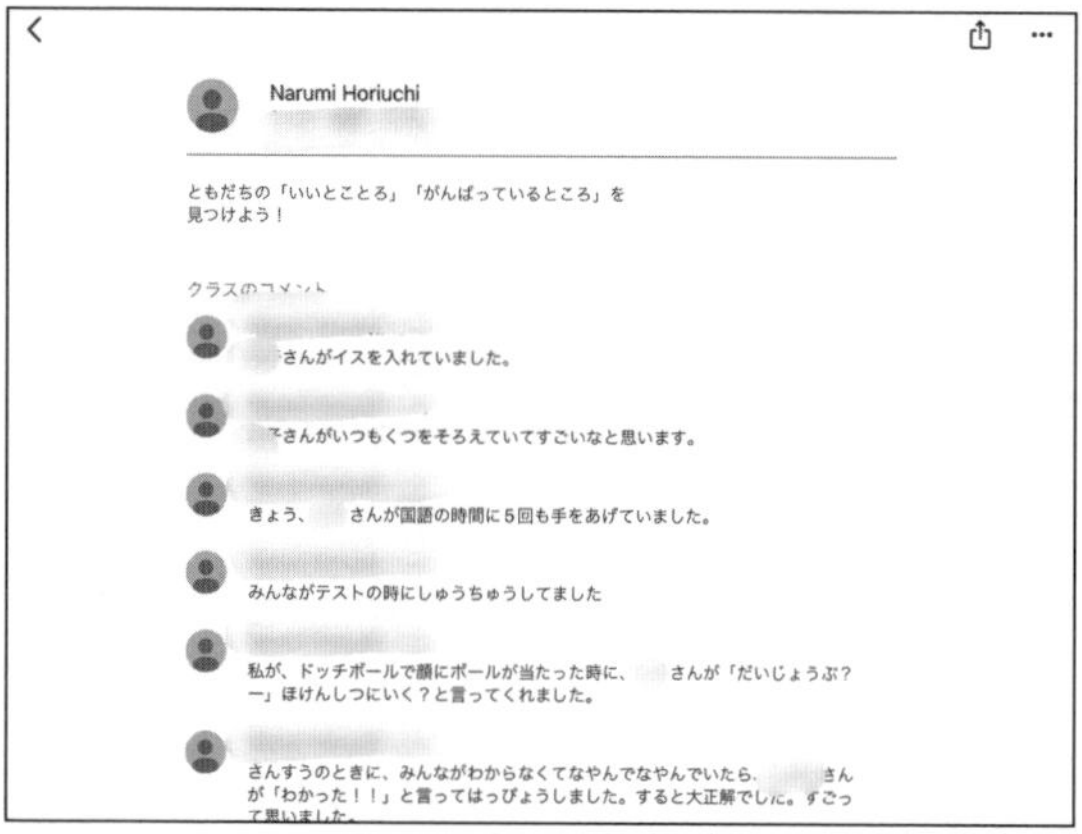

Google Classroomでの投稿やコメント許可については、「子どもに投稿とコメントを許可」「生徒にコメントのみ許可」「教師にのみ投稿とコメントを許可」といった使い分けができるので、学年や学級に応じて許可していくことをおすすめします。コメントの仕方の指導もクラス全体で共通理解しておくとよいでしょう。以下は私のクラスのルールの一例です。

①いつ誰が見ても気持ちのいいコメントをする
②コメント同士でやりとりしない

いずれは中高生になったとき、自分のスマホを持つ子も出てくると思います。そのときにきちんとマナーを守って使いこなせるように、今のうちに学校（クラス内だけの限られたネットワーク）という安全な場所で、上手な使い方を学んでほしいと思います。

Point 3 学級通信・学年便りにQRコードを貼りつける

　学級通信や学年便りを用紙で渡す場合は白黒で配付することが多いと思います。でもそれだと、写真や子どもが描いた絵などをせっかく載せても見にくいときがあります。子どもたちの写真や絵を保護者に見てもらいやすいように、データにして見てもらえるようにします。

　データとして見る方法は、学級通信や学年便りに、データに移動することができるQRコードを貼りつけておくだけです。そのQRコードを読み取るだけで、子どもが描いた絵やつくった作品などを、保護者にカラーで見てもらうことができます。またデータが入っているフォルダに、種類分けをして写真・動画などを入れておくと、子どもたちの学校での様子がよくわかるきっかけにもなります。

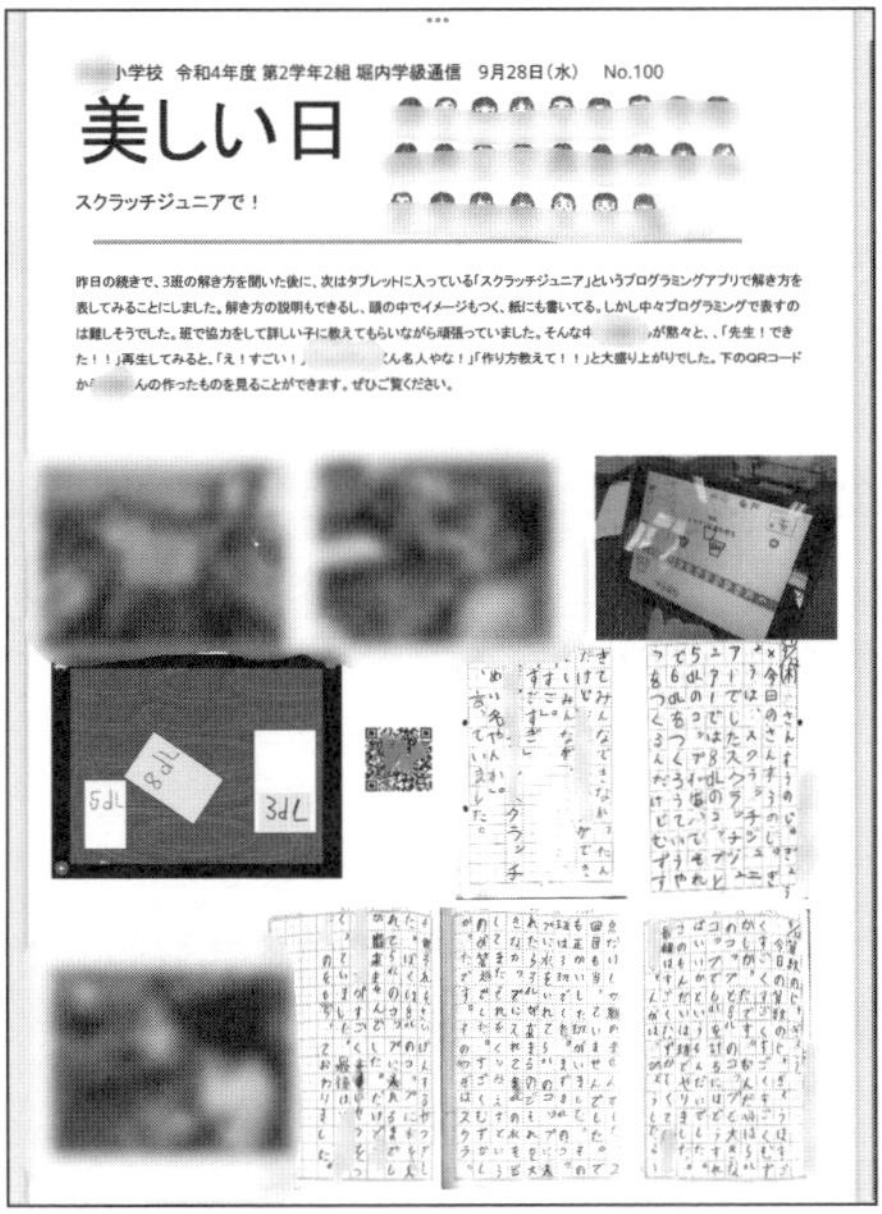

小学校　令和4年度 第2学年2組 堀内学級通信　9月28日（水）　No.100

美しい日

スクラッチジュニアで！

昨日の続きで、3班の解き方を聞いた後に、次はタブレットに入っている「スクラッチジュニア」というプログラミングアプリで解き方を表してみることにしました。解き方の説明もできるし、頭の中でイメージもつく、紙にも書いてる。しかし中々プログラミングで表すのは難しそうでした。班で協力をして詳しい子に教えてもらいながら頑張っていました。そんな中　が黙々と、、「先生！できた！！」再生してみると、「え！すごい！　ん名人やな！」「作り方教えて！！」と大盛り上がりでした。下のQRコードから　んの作ったものを見ることができます。ぜひご覧ください。

　QRコードの作成方法は、

① Google ドライブにデータを入れる

② Google Chrome を起動して、QRコードを作成したいページを開く

③ページ内の何もないところで右クリックを押す

④「QRコードを作成」をクリック

と、簡単にできます。そのQRコードの画像を保存し、載せたいところに貼りつけるだけです。Google 以外でも、QRコードが作成できるサイトなどがあるので、探してみてください。

Point 4 カレンダーアプリで予定を共有する

　Google カレンダーを活用して、クラスの予定や学校の予定を簡単に共有し、確認することができます。クラスカレンダーには、学校のイベントやクラスですることなどを入れていきます。保護者も子どもも見通しをもって安心して過ごすことができる活用法です。

手帳やメモをもっと有効に活用したい！（ペーパー）

岩手県花巻市立若葉小学校
古舘良純

Point 1 自分好みのサイズを選ぶ

開いている時間よりも閉じている時間の方が長いのが手帳です。机に置いたり，カバンに入れたりするそのサイズ感を大切に選びます。

Point 2 手帳と同じサイズの「ノート」を用意する

手帳と同じサイズのノートに名簿を貼り，一緒に持ち運ぶことで，コンパクトな状態で名簿なども管理できます。

Point 3 手帳からはみ出す「付箋」で仕事を管理する

手帳を置いたときに，「To Do」の全体像と順序が目に見えてわかります。付箋が減っていく達成感もあります。

Point 4 「プライベート」も同じ手帳で管理する

私的な予定も手帳に書き込み，仕事とプライベートを両立します。仕事とプライベートを切り離すと，手帳の機能を損なう場合があります。

Point 5 提出物の「保管庫」として活用する

子どもたちが持ってきた様々な提出物を挟み込みます。保管場所を手帳にすることで，確実に管理することができます。

Point 6 「お守り」を内ポケットに入れる

教師経験を積み重ねる中で得てきた「宝物」があります。それらを「お守り」として持ち運べるようにします。心の支えになっています。

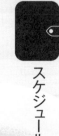

Point 1 自分好みのサイズを選ぶ

私は左の写真のような「A5サイズ」の手帳を使ってきました。フラットに開く、方眼タイプの手帳です。

手帳を使い始めた頃は、B5サイズのものを使ったり、プリントを直接貼れるようなA4サイズのものを選んだりすることもありました。

そんな中で最終的に、私は「A5サイズ」の手帳を選びました。理由は、

手帳はほとんどの時間が閉じた状態で置かれたり、運ばれたりするからです。

そこで、持ち運びの手軽さや、カバンへのフィット感を重視したとき、私にとっては「A5サイズ」の手帳が一番しっくりきました。

手に馴染む手帳は多くの時間を一緒に過ごすことができ、サッと確認できるので、管理も楽になります。

みなさんも、ライフスタイルに合わせたサイズを見つけてみてください。

Point 2 手帳と同じサイズの「ノート」を用意する

手帳のサイズに合わせたノートを買います。私は「A5サイズ」です。

それを手帳の一番後に一緒に挟み込みます。ノートには学級名簿を貼り、提出物のチェックや日々の観察を記録したりします。

その多くが個人情報になるので、校外に出るときはノートを外し、手帳だけの状態にして持ち運びます。学校では二冊を一冊にまとめ、プライベートでは手帳一冊のみで使います。

挟み込むノートはなるべく薄いものを選び、手帳に挟んでも厚みが出にくいものにします。予め手帳にノートが付属している場合もあるので、それを一冊目にしてもよいでしょう。サイズが同じだと、二冊持ち歩いている感じがなく、コンパクトになります。

Point 3 手帳からはみ出す「付箋」で仕事を管理する

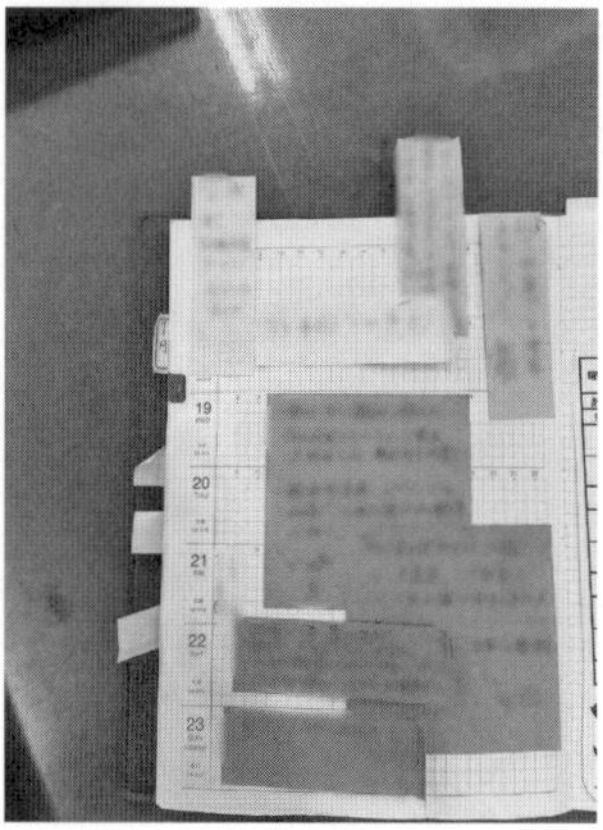

手帳の週予定ページに、To Doリストを書いた付箋を貼るようにします。手帳に書き込まず、付箋がはみ出るように貼ります。その週のページに貼るので、付箋の位置で予定がわかりやすくなります。終わった仕事の付箋は捨てず、そのページの内側に貼り直します。やり終えた達成感もあります。終わらなかった付箋は次のページに貼り直します。

To Doに関する仕事は、付箋を貼りつけることで管理します。

手帳から外してデスクトップに貼り直すこともありますし、子どもたちへの連絡であれば、付箋をそのまま子どもの机に貼りつけてあげることもできます。デジタルとは違う紙のよさは、貼っておきさえすれば問答無用で「目に入る」ということだと感じます。

Point 4 「プライベート」も同じ手帳で管理する

よく「来週、放課後に学年会をしたいのですが、都合はどうですか?」と日程調整する際、「後で確認してからでもいいですか?」と自身の予定を把握しきれていない方がいます。手帳などに「学校の予定だけ」を書き込んでいるからではないかと思います。

堀裕嗣先生の著書『教師の仕事術10の原理・100の原則』には「仕事と家庭と遊びはすべてネットワークで繋がっていて、仕事が遊びに転科することもあれば、遊びの中の発想が仕事に転移することもあります」と書かれています。

また、「仕事は仕事、家庭は家庭、遊びは遊び、そのように考えてはなりません。すべてそれを一括管理しているのは他ならぬ自分自身なのです」とも書かれています。

昔は、「仕事は手帳」、「プライベートはカレンダーアプリ」と棲み分けして活用していましたが、今ではとりあえず「全て手帳に記す」ことを意識して活用しています。

それによって公私混同した経験はなく、むしろ私的な予定を立てるときに仕事が見え、便利になりました。

Point 5 提出物の「保管庫」として活用する

学校では、子どもたちから多くの提出物を預かることがあります。

特に年度当初は様々な種類の紙が集まりますが、子どもたちの顔や名前が一致していない場合もあり、誰から受け取ったか曖昧になることもあります。

しかし、「受け取ったものはここに入れる」と決めておけば、紛失することはありません。

私の場合は、その管理場所が手帳なのです。

私はA5の手帳ですから、A4のお手紙を「切り取った」返信をジャストサイズで挟むことができます。

また、保護者の方からのお手紙なども封筒ごと挟み込み、カバーのポケットに入れるようにしています。

100円均一の「コーナーポケット」という商品を購入し、手帳に貼りつけ、手帳内の「収納」を増やしています。

そして、左写真のように、手帳を保管庫として活用しています。

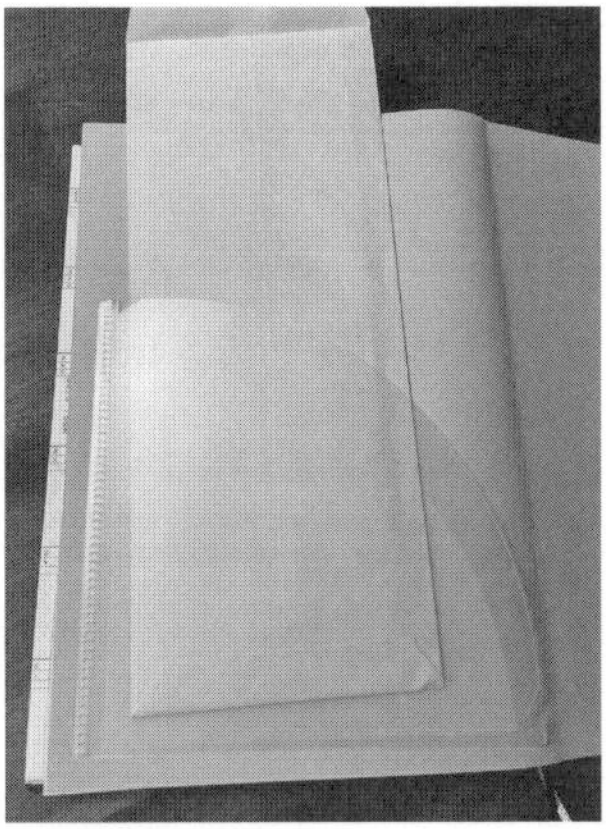

Point 6 「お守り」を内ポケットに入れる

過去に担任した子どもや保護者からいただいた手紙、恩師の先生からの葉書など、たくさんの宝物があります。

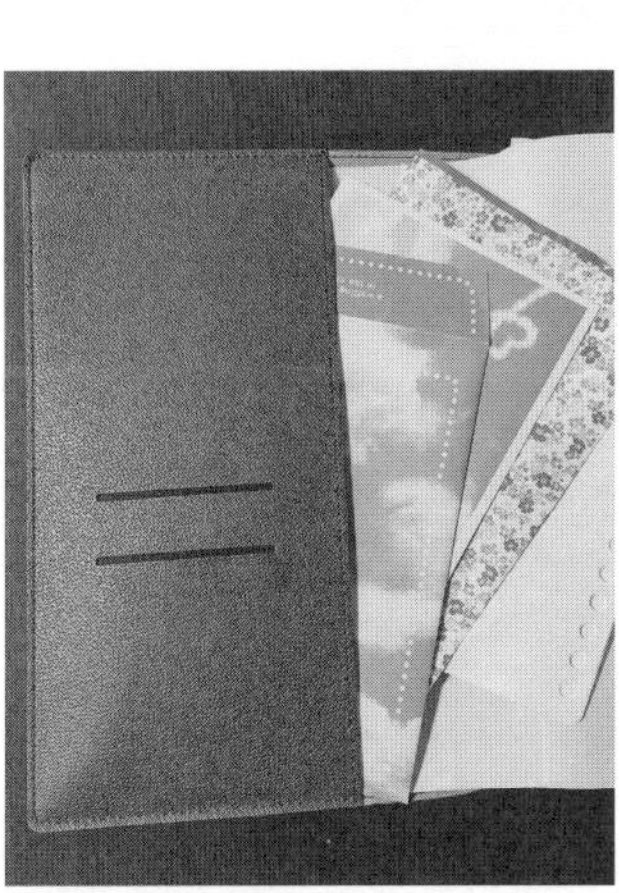

私は、それらを「お守り」として手帳に入れています。

学校現場では「しんどい」ことが多々あります。でも、苦しいときや辛いときに「お守り」の言葉を読むと力が湧いてきます。紙の温かさを感じる瞬間です。いつも助けられています。

「スケジュールを管理」するだけではない、体の一部、心の支えとしての手帳になります。

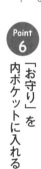

手帳やメモをもっと有効に活用したい！（デジタル）

スケジュール

愛知県立杏和高等学校
魚住　惇

Point 1 デジタルノートは「テキスト」ベースに

iPad に手書きノートアプリをインストールするだけでは実現できない，デジタルノートに最適なファイル形式を紹介します。

Point 2 カレンダーアプリは「記録」に向かない

デジタルでスケジュール管理と言えばカレンダーアプリですが，記録には向いていません。その理由について解説します。

Point 3 デイリーノートを活用する

僕が2020年から使い始めた，デイリーノートシステムを紹介します。従来のカレンダーとは違った，新しい考え方です。

Point 4 便利なアプリでデイリーノートを管理する

デイリーノートを管理するときに便利なアプリを紹介します。これらのアプリを活用することで，毎日の記録が楽しくなります。

Point 1 デジタルノートは「テキスト」ベースに

2023年現在はGIGAスクール構想の影響もあって、学校でのiPadの活用も広がりました。これまで紙の書類で行なっていた事務作業や、紙のノートに書いていた板書ノートや週案などをデジタル化することで、iPad1台でなんでもこなすという働き方も生まれました。

しかし、デジタルの恩恵はこれだけで十分でしょうか。僕は疑問に思いました。ドキュメントスキャナーを使って、教科書などの教材をPDF化して、iPadに入れる。これももちろん大きなメリットがあります。ただ、使うデバイスがデジタルになっただけで、使う側の考え方が紙の時代となんら変わっていないことに、そろそろ気づいてもよい頃合いではないでしょうか。

PDF化した書類をスマホで閲覧している様子を想像してみてください。あの小さな画面に、紙だった頃の余白も含めて内容が表示されてしまいます。そのままでは読みづらいので、部分的に拡大する必要も出てきます。A4の大きさで見るべきものを、6インチほどの画面で見るので当然のことです。

iPadにも同じことが言えて、A4用紙をPDF化してiPadの画面に表示すると、左右に余白ができてしまいます。つまり、元々紙だったものをデジタル化しただけでは紙の代用にしかなれず、デジタルの恩恵を100%受けることができないということです。これはPDFに限らず、WordやPagesなどのドキュメント作成アプリも同じです。最終的に紙に印刷することを目的としていると、考え方そのものも紙の時代の考え方に引っ張られてしまうのです。

では、扱うデータがすべてプレーンテキストであればどうでしょうか。1つの画面に表示される文字数がデバイスごとに異なるので、テキストデータは画面サイズに応じて折り返す位置が変わってきます。フォントサイズを変更することで、画面そのものを拡大せずに、読みやすい大きさに調整できます。多くのアプリで読み込むことができるので、扱うアプリを用途や気分に応じて使い分けることもできるのです。

そんなプレーンテキストの中で、マークアップの考え方を取り入れた形式があります。Markdown形式です。ここ数年の間に、Markdown形式のテキストファイルを扱うアプリが増えてきました。Markdownに対応したエディタで開くとマークアップの設定がショートカットキーから行うことができて、かなり重宝します。

Markdownエディタを使い、その形式で情報を蓄積していく。これこそが、ただ単に紙をPDF化したデジタル化の次の世代とも呼べる、デジタルノートの姿なのです。

Point 2 カレンダーアプリは「記録」に向かない

iPadを手帳の代わりに使うことを考えた場合、まず活用するのがカレンダーアプリだと思います。予定をiPadで管理して、様々な場所に持ち運ぶその姿は、憧れるものです。ただし僕は、これまでiPadで使われてきたカレンダーアプリの使い心地に、疑問を抱いていました。せっかくデジタル化されたカレンダーアプリ、その見た目は、紙の手帳の頃のままでよいのでしょうか。

常に同じ密度で日々を過ごす人は、存在するのでしょうか。スケジュールの密度は人によって、日によって違います。予定が空欄のままの日もあれば、分単位で行動するような忙しい日もあります。カレンダーそのままの様式に従って書き込んでいくと、忙しい日の日程はすべて入りません。ただし、カレンダーとして見やすい状態を維持するとなると、日付ごとに大きさを変えるわけにもいきません。ほとんどのカレンダーアプリは、どの日付も同じ大きさのマスで表現されていますが、これは記録した内容を閲覧させることよりも、スケジュール全体を把握することを目的とした結果です。つまり、これまでのカレンダーアプリの見た目は、あくまで情報を一覧することに適していた形だったということです。逆に言えば、その日に関する情報や、その日に起こった出来事を記録していくには不都合なものと捉えるべきなのです。

Point 3 デイリーノートを活用する

このことに気づいてから、日々の記録をデジタルテキストで取っています。学校での朝の打ち合わせの内容や、その日に起こった出来事などを、ファイル名に日付が入ったMarkdownファイル（例えば、2023年4月12日なら20230412.md）に記録していきました。その日に起こった出来事を当日のうちに入力することもあれば、過去の内容をふと思い出して、過去の日付のファイルに追記することもありました。未来の予定についての内容を書き留めておきたいときは、未来の日付のファイルを先に作成してから入力しました。

これをやっておくと、当日になってそのファイルを見たときに、過去の自分からのメッセージが既に書いてありそれに助けられることもよくあります。

日付ごとにノートのページを用意し、その日の内容を事細かに書き加えていく。僕はこの日付ごとのノートのことを、「デイリーノート」と呼んでいます。手帳に例えるなら、1日1ページで有名な「ほぼ日手帳」に近いのかもしれません。しかし紙の手帳と違うのは、デイリーノートとして使っているMarkdownファイルの容量が、日によって全く異なるということです。

日によって記録したい内容が全く違い、スケジュールの密度が異なる世界で人は生きています。常にデイリーノートに書くことがいっぱいあるような日常を送りましょうというスピリチュアルな発言はしない主義ですが、日によってデイリーノートの容量に差があるということが重要だと思っています。これはデジタルでないと実現できないことです。スケジュール帳のように最初から日付が入れられているノートだと、1日分のスペースに記録できる分量が限られており、それが上限となってしまいます。デジタルで記録をしていくなら、容量が許される限り無限に内容を保存でき、さらに日付によっても長さが異なることが許されるのです。

Point 4 便利なアプリでデイリーノートを管理する

2023年4月現在、僕が把握している限りでは、NotePlan3とObsidian、Logseqというアプリが便利です。僕がデイリーノートを使い始めた頃はNotePlan3を使っていましたが、2021年にObsidianに切り替えました。

NotePlan3やObsidianの最大の特徴は「[[]]」ダブルカッコでノートの名前を指定することで、そのノートへのリンクを作成できることです。ノートのリンクを作成する際も、ファイル名を入力していくと候補が出てくるので容易です。ノート同士をリンクしていくことで独自のネットワークが形成でき、これまでになかった情報へのアクセスが実現できます。タグで串刺しにすることもできますが、自分自身がノート同士をリンクでつなぐという作業を行うことで、ノートの編集を記憶に残しながら自分のノートを構築していけます。

この機能を使うことで、デイリーノートや他でつくったMarkdownファイルがリンクでつながり、デジタルの長所を生かした真のデジタル手帳とも呼ぶべきシステムが構築できるのです。

整理整頓

身の回りのモノを減らしたい！

愛知県名古屋市立明倫小学校
丸山　瞬

Point 1 適正量を決める

自分で扱えるだけのモノに絞ると整理整頓された状態が長く続きます。定めた適正量に従ってモノを減らしていきましょう。

Point 2 使用頻度別に収納する

よく使うモノは身近に，あまり使わないモノは別の場所に移動させて，身の回りのモノをできるだけ少なく保ってみましょう。

Point 3 モノの賞味期限を考える

食材同様，モノにも「旬」があります。期限が切れたモノは手放して，身軽に仕事ができるようにしましょう。

Point 4 捨てられるモノを知る

必要なくなったモノも捨て方を知らないとどんどん溜まっていってしまいます。どんなものが捨てられるのかを整理しましょう。

Point 5 余分な収納家具は取り除く

人は置きやすい場所に無意識にモノを置いてしまいます。あるだけで乱雑になる家具は撤去してしまいましょう。

Point 6 期限を決めて処分する

いつか使うかもしれないモノを減らすのは中々難しいです。取っておく期限を決め，それを過ぎたら捨てるようにしましょう。

Point 1 適正量を決める

適正量とは、自分が働くうえで使用するモノの数を定めることです。部屋を片づけてもすぐに散らかってしまう人は、所有しているモノの総量が多いのかもしれません。身の回りにあるモノを見直し、適量に絞ることできれいな状態が長く続くようになります。

小学校の職員室の学年棚を例にとって説明します。中には去年からの引き継ぎ資料やテスト、教育雑誌などが大量に入っています。棚の上には入り切らなかった教科書や教材があふれています。必要なモノだけが棚の中にあるような状態をつくってみましょう。

まず中のモノをすべて机などに出します。そして資料ごと、教科書ごと、私物ごとなどグループに分類します。まとめていく過程で、現在使っていないモノや余剰品に気づくことができたら、何をどれだけ残すのか、先生同士で適正量を話し合います。「教育雑誌は1年分あればいい」「テストは3年前まで取っておく」と決めたら、基準に当てはまらないものを取り除いていけばよいのです。最後に残ったモノを棚の中に入れ、整頓したら終わりです。

このように、共有スペースのモノは適正量を決めることで減らせます。

Point 2 使用頻度別に収納する

整理収納の分野では、使用する頻度によって収納する場所を決めるという考え方があります。毎日使うものを1、週1回程度使うものを3、年1回程度使うものを5として、使用頻度を考えてみましょう。ペンやハンコなどの文具は毎日使うので1です。応用ワークシートは3です。作品展のための事例集は5です。職員室では主に1～3の使用頻度のモノを使って仕事をしていますので、これらの配置にこだわると仕事の効率は上がります。

他にも例えば、年間スケジュール表はどうでしょう。週1回程度確認する方も多いと思いますが、職員会議の資料の中から毎回探していては時間がかかります。よく使うのであればコピーして個人机の最上段にしまうようにしましょう。個人購入した宿題プリント集はどうでしょうか。毎日使うわけではないので、学年棚にしまうようにするとスペースを節約できるだけでなく、他の先生も使うことができます。

逆に、5に分類されるような水泳指導セットや保管しておきたい指導書などは、職員室以外の場所に移すと、身の回りで管理するモノを減らすことができます。実際、私も普段まったく使わないモノを個人ロッカーにしまうことにしたら、個人机にかなり多くのスペースをつくることができました。

Point 3 モノの賞味期限を考える

当たり前のことですが、モノは受け取れば増えて、捨てればなくなります。モノを減らすスピードよりも増えるスピードの方が早いと身の回りがどんどん散らかっていきます。それだけではありません。実はモノにはさらに厄介な性質があります。それは「時間が経過するに従って、不要なモノへと変化する」というものです。クーポン券を想像してみてください。受け取ったときは必要なモノだったはずなのに、期限が切れたらただの紙クズになってしまいます。同様に、校内のモノも捨てどきを逃すと不要なモノへと変わり、溜まっていってしまうのです。

研究授業のためにつくった掲示物などがよい例です。当日まではとても大切にしているので発表直後は手放すことができません。とりあえず職員室の棚の上に置くことにしました。そのまま1週間、1か月と経つとどうなるでしょうか。活用する予定はなくともいざ捨てようとすると、がんばって教材研究をした日々が思い出されて手放すことができません。こうして捨てどきを逃した掲示物は、埃をかぶったまま棚の上に置き去りにされるのです。

このように、黙っているだけでも整理対象は日に日に増え続けることを覚えておきましょう。

Point 4 捨てられるモノを知る

学校現場にモノが溜まる理由の1つとして、捨てられるものがどれだかわからない問題があげられます。公費で買ったものなので敬遠しがちですが、基準さえわかれば誰でも捨てることができます。

学校のモノは、基本的に備品と消耗品に分けられます。

備品とは、2万円以上のモノを指します。原則捨てることはできませんが、耐用年数が経過しているものに関しては学校事務職員の方に相談すれば廃棄処分できます。例えば、大きめの棚や拡大掲示装置などがそれにあたります。

消耗品とは、2万円未満のモノを指します。壊れたり使い切ったりすればいつでも捨てられるモノです。例えば、文房具や紙、CDデッキ、椅子などがあります。耐用年数や金額に関しては自治体ごとに違いがありますので、必ず事務職員の方に確認しましょう。

さらに消耗品を減らす際は自分の中で明確な基準をもっておくと、要・不要の判断が早くできます。「古い」「汚れている」「壊れている」「多すぎる」「使いづらい」「今は使っていない」「存在を忘れている」どれか1つにでも当てはまったモノは、整理対象に入れるようにするとよいでしょう。特に歴史のある学校ほど、不要なモノが多く溜まっている傾向にあります。モノを減らすことで働きやすくなると考え、余剰品なども積極的に手放すことをおすすめします。

Point 5 余分な収納家具は取り除く

皆さんは、リビングの机の上がごちゃごちゃして片づかず、困った経験をしたことはありませんか。どんなに置かないように心がけても1週間後にはモノたちが集まってきてしまいます。実は、散らかる原因はテーブルにあります。と言うのも、人は動作・動線上に適度な高さのものがあると、その上にモノを置いてしまうクセがあるからなのです。はじめからテーブルを置かなければ、リモコンや新聞を片づけながら生活することができるはずです。

職員室でも空の棚があると同じような現象が起きます。満タンになるまで本を並べたり、余った教材をしまい込んだりしてしまうのです。これは、空の棚がちょっとしたモノをしまうのにちょうどよいことが原因で起こります。身の回りがすぐに煩雑になってしまう場合は、そもそも棚を置かないように工夫することも効果的です。

Point 6 期限を決めて処分する

今後使われそうにないモノでも「捨てていいですか」と聞くと「とりあえず取っておいて」と言われることがあります。いったいなぜでしょうか。それは人の「所有欲」が関係しています。モノは受け取った瞬間に所有欲が生まれます。街中で無料配布されていたボールペン1つとっても、もらってしまうと手放すのは大変なことなのです。

そんなときは期限を決めて処分するという方法があります。例えば、職員室を片づけると額縁や不ぞろいなカゴなどが出てくることがあります。壊れていない限り捨てるのは憚られますが、いつ使うかはわかりません。そこで、「6／19を過ぎたら捨てます」と期限を書いた紙を貼り、周知します。紙を見た先生がほしいとおっしゃった場合は譲ればいいですし、期限がすぎたら迷わず捨てればよいです。モノを捨てる理由を日付にすると、わりと効率よくものを減らすことができるのです。

このように、身の回りや学校全体を片づけることで、働く教職員や子どもたちが過ごしやすい環境をつくり出すことができます。環境が整備されると、職員の心の余裕につながり、やがて子どもに還元されていきます。その本質を理解すれば、整理整頓も続けやすいのではないでしょうか。

【参考文献】
澤一良『一番わかりやすい整理入門』（ハウジングエージェンシー）

デスクの上をスッキリ整頓したい！

整理整頓

埼玉県立特別支援学校坂戸ろう学園
山本純人

Point 1 目的外使用の「まな板スタンド」活躍

結論は，使わないときのパソコンの位置です。立たせるグッズを活用して，机の上を３Ｄで使う視点です。誰しも机のサイズは同じなのだから…

Point 2 まだそんなマウスを使っているのか？

自宅のパソコンも同様ですが，付属のマウスはやはり付属品レベルです。費用対効果を考えても，高機能なマウスを買ってみてはどうでしょうか。

Point 3 さらば！　「卓上カレンダー」編

ミニマリスト的な発想ですが，机の上にあるものを減らすことで「すっきり」度は上がります。ただ「もの」をなくすだけではなく，ひと工夫を！

Point 4 机は，意外と「汚いぞ」の巻

子どもたちの机同様，机は拭かないとどんどん汚くなっていくものです。最近拭いていなかったら，試しに拭いて「汚れ」に驚いてみませんか？

Point 1 目的外使用の「まな板スタンド」活躍

まだ一般的な机は、昭和の時代からずっと使われていそうな灰色のものが多い状況です。その当時は、あの大きさでもよかったかもしれません。しかし、パソコンを使うようになり、実際に使用する灰色の面積は減っています。パソコン使用時は致し方ありませんが、使わないときに助けてくれるのが、まな板を立てるためのスタンドです。

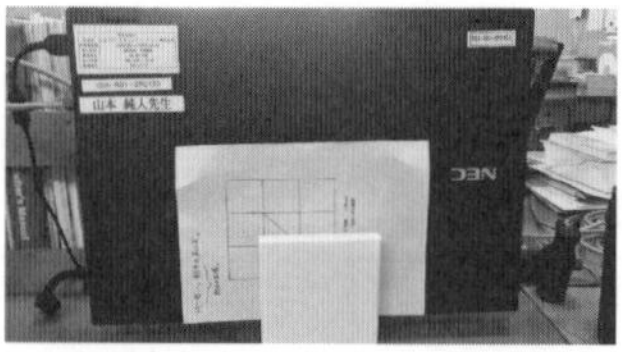

Googleで検索をすると、木のまな板が立てられるようなものが見つかるでしょう。ものがしっかりしているので、立てられる利点があります。立てる発想こそが、机の広さにつながるのです。

Point 2 まだそんなマウスを使っているのか?

仕事で使うパソコンは支給されます。不思議に思うのが、ほとんどの仕事場で付属のマウスを使っている人が多いことです。手のサイズや使う癖も違うのに、安価な付属のマウスで仕事をしています。さらに一番問題なのは、付属のマウスが「有線」であることです。邪魔極まりない有線。調べると無線のBluetoothマウスが、予想以上にお安いお値段で買えます。1回の飲み会ぐらいの値段を出すと、信じられないような機能がついてきます。次の仕事場にも持って行くこともできます。買うなら「今」です。

Point 3 さらば!「卓上カレンダー」編

なんとなく見よう見まねで卓上カレンダーを置いている方へ。もし、活用度が低いようであれば、さよならを告げることも仕事術の1つです。近年、仕事場の壁に、なるべく大きなカレンダーを貼っています（高段の技は、電話口から見やすい位置に貼ることです）。自分の中だけで完結する卓上カレンダーは、教務手帳等で十分です。よりみんなで仕事をしなくてはいけない今日は、壁のカレンダーが、みんなの仕事効率を上げてくれます。壁カレンダーは、机の上をさっぱりする以上の効果があるのです。

Point 4 机は、意外と「汚いぞ」の巻

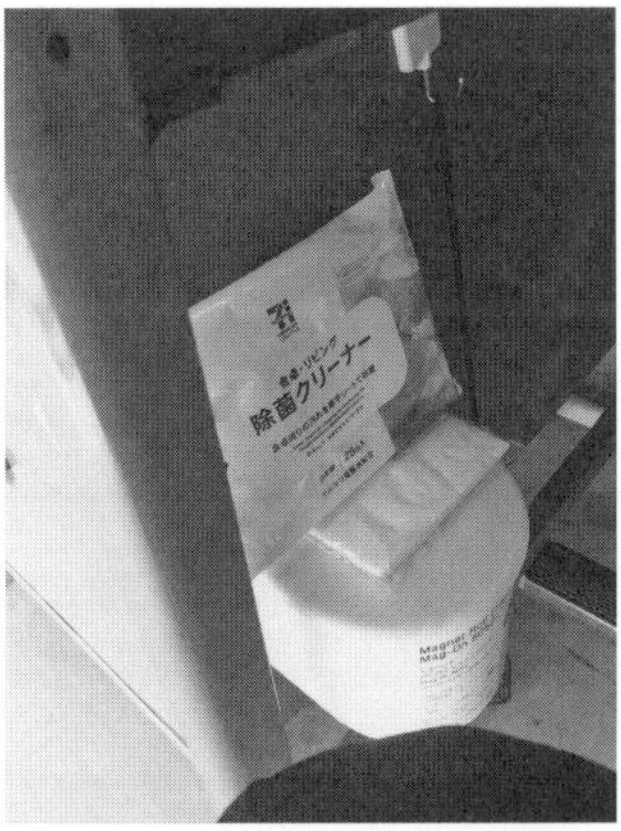

なぜ机の上を拭くのかというと、拭くための「もの」が、準備されてしまっているからです（右の写真は、机下に用意した拭くためのグッズです）。拭くものがあるから、机の上をきれいにしようという無意識が生まれます。近年はコロナの関係で換気も、今まで以上に行われます。その結果、ざらつくこともあります。拭いてみると、机も気持ちもさっぱりするからお得。

整理整頓

デスクの中をキッチリ整頓したい！

埼玉県立特別支援学校坂戸ろう学園
山本純人

Point 1 よく使う一軍文房具は特別扱いで［外］

よく使う文房具と，あまり使わない文房具には，はっきりと線引きができるはずです。正直，使わない文房具には戦力外通告をおすすめします。

Point 2 〈小さいもの〉で，引き出しは崩壊する

故事成語の「蟻の穴から堤も崩れる」ではありませんが，上段の引き出しは小さなものが要注意です。小さなものの居場所づくりの視点が大事です。

Point 3 中段は，思い切って「趣味的」に使う

全国の実践家の引き出しの写真を撮って，1冊の本をつくったらおもしろいなと思うぐらい性格も思想も強く出るのが，実は「中段」の引き出し。

Point 4 いい「匂い」のする書類管理の下段

この空間は，みっちりすると機能度が下がります。目安は，8割を超えないように断捨離をしつつ，書類管理を楽しむことができれば上級の下段。

Point 1 よく使う一軍文房具は特別扱いで［外］

使うから、ぐちゃぐちゃになります。これは、引き出しを整理整頓するときの「心髄」です。文房具は、全部が均等に使うわけではなく、よく使う一軍文房具があります。その一軍に特別待遇を与えることが、引き出しの整理整頓の近道です。私の場合は、よく使うエリート文房具は、引き出しの外に配置します。そして、すぐに使えるように臨戦態勢を整えています。特別扱い。

Point 2
〈小さいもの〉で、引き出しは崩壊する

一度、引き出しがどうしてぐちゃぐちゃになるか観察したことがあります。結果、小さな文房具がきっかけで、引き出しの秩序が壊れることがわかりました。要注意は、小さめの文房具なのです。引き出し用のトレーではなく、百円均一で売っている小物トレーに、それぞれ土地を与えて整理整頓しています。使う頻度により、左側に出世するルールを設けると、使いやすさは数倍アップ。

Point 3
中段は、思い切って「趣味的」に使う

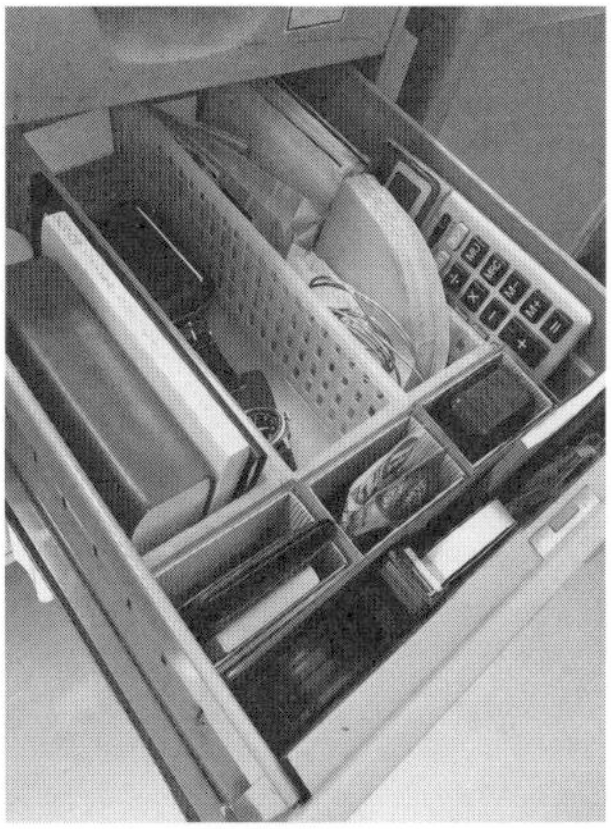

意外ともてあそぶのが、中段の引き出しではないでしょうか。20年近く試行錯誤しましたが、最近は思い切って「趣味的」に使うことに徹しています。理由は、好きなものがたくさんつまっていれば、それを片づけするときも、気持ちよくできるからです。ここの空間では、百円均一や無印良品のグッズが活躍しています。遊び心のたっぷりある空間づくりに使ってみては。

Point 4
いい「匂い」のする書類管理の下段

一番下の引き出しに文房具を入れる人はいません。ここは書類の基地です。個人的には、会議資料は内容別に封筒に分類して、誰よりも早く見つけられるようにしています。ここでの工夫は、写真の左端に見える珈琲の豆袋です。美味しい豆を買って、この下段に収納しています。開ける度に、いい匂いが届きます。上機嫌で働くための、超個人的な使い方です。各自の工夫の下段。

書類を効率的に管理したい！

整理整頓

岐阜聖徳学園大学
玉置　崇

Point 1 基本スタンスは「書類は捨てる」

「かもしれない症候群」に陥らず，書類は必要がなくなったら，すぐに捨てるというスタンスを貫きます。

Point 2 必要な書類はPCにPDF保存する

「これは保存が必要だ」と考えたら，PDFにしてPCに保存しましょう。ファイル名の先頭に保存日を８桁で記すようにします。

Point 3 袋ファイルを活用する

『「超」整理法』（野口悠紀雄）で紹介された袋ファイル法で，書類そのままを封筒に入れて保存管理するようにします。

Point 4 書類は誰かが持っていると信じる

自分が書類を捨てても，誰かがその書類を持っているはず。気軽に尋ねられる人を職場につくることも良策です。

Point 1 基本スタンスは「書類は捨てる」

年度末に大量の書類を一気に捨てる経験は、誰にでもあると思います。

後日必要となるかもしれないという「かもしれない症候群」に陥り、ファイルに書類を保存しますが、その後日があったことは、まずないのではないでしょうか。

例えば、入学式関係の書類は確かに入学式が終わるまでは手元にあった方がよいでしょう。しかし、式が終わっても保存していませんか。来年度、入学式運営担当者にならない限り、その書類を見ることは１００％ないと言っても過言ではありません。

ならば入学式終了後に、関係書類をすぐに捨ててしまえばよいのです。

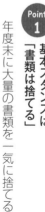

Point 2 必要な書類はPCにPDF保存する

「捨てよ」と言われても捨てられない書類があるという人もいるでしょう。そのような書類は、スキャナでPDF化して、PCに保存するとよいでしょう。とはいえ、自己体験ですが、PCに保存した書類もあまり見返したことがありません。とりあえず安心するために行っている作業というのが、正直なところです。

ただし、PDFにするときに書類名にルールをつくっておくと、活用度がかなり違ってきます。私の場合、ファイル名は、書類名の前に年月日をつけています。例えば、「20220717アフターコロナの学校の在り方」など、先頭に保存日を8桁で記します。検索するときに、ファイル名より保存日で探した方が見つけやすいからです。

Point 3 袋ファイルを活用する

PDFで保存すると、データ量が心配になる人がいることでしょう。その際には袋ファイル保存法をおすすめします。私はこの書類保存法を30年以上行っています。

この方法は、1993年に発刊された野口悠紀雄著の『「超」整理法　情報検索と発想の新システム』（中公新書）で紹介されたものです。

A4の大きさの古封筒を用意して、封筒左側に「期日・書類名」をメモして、書類をそのまま入れて保存します。一封筒一書類のルールを守ることが大切です。こうしておくと、必要な書類をすぐに取り出すことができます。1、2年間利用しなかった書類は、これからも必要となることはありません。適度なときに封筒ごと破棄します。

Point 4 書類は誰かが持っていると信じる

かつて、すべての文書といってもよいほど、何も保存しない先輩がいました。「書類をドンドン捨てておられますが、大丈夫ですか？」と聞いたことがあります。

「大丈夫です。書類を見返したいと思ったら、絶対に誰かは持っていますから、人に聞けばいいのです。私は〇さんに何かと聞いていますよね。〇さんは几帳面で、きっちり書類を保存されていて、確かな情報を持っておられます。私ね、書類を探す時間がもったいないと思っているのです。確かな人と関係をつくって尋ねた方が早いです」と言われました。

関係づくりのために、いつもお菓子を持参されて、〇さんと談笑されている先輩の姿が印象に残っています。

ライフスタイル

朝の時間をもっと有効に活用したい！

千葉県袖ケ浦市立蔵波小学校
松尾英明

Point 1 眠ることを生活の中心に据える

よく眠るという目的のために，日中の活動のすべてを決めていきましょう。眠りは生活のおまけではなく，中心であると心得ましょう。

Point 2 朝は一番楽しみなことをする

朝起きるのは，あなたが一番したいことをするためです。ランニングでもゲームでも漫画でもよいので，大好きなことを設定しましょう。

Point 3 朝はアウトプットに専念する

朝はインプットよりもアウトプットに向いた時間です。どんなことでもいいので，朝は何か書いてみましょう。〆切のあるものをやるのも手です。

Point 4 朝の通勤時間を有効活用する

通勤時間こそ，勉強のチャンスです。本を目で読むだけでなく，耳からも取り入れて学習します。毎日繰り返すことだからこそ，差がつきます。

Point 1 眠ることを生活の中心に据える

朝起きてからの時間の有効活用の話をしろというのに、いきなり眠りを中心にと書いているのはおかしいと感じるかもしれませんが、これが真実です。

「眠り」を生活の中心に据えます。よく眠るために、日中は活動するのです。仕事をするのも運動するのも、疲れてぐっすり眠るためです。つまりはその日に早起きするのも、夕食を早めにとるのも、夜早く眠るためです。その方がよく眠れるのです。

だから、飲み会で二次会はあり得ないのです。その夜によく眠れなくなります。すると、次の日の睡眠もだめになります。それは無理という人は、朝の時間の有効活用はあきらめてください。

すべては、ぐっすり眠るため。ここから始めてください。

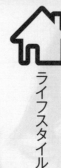

Point 2 朝は一番楽しみなことをする

朝の早起きができないという人は、ここが抜けています。朝には、自分が楽しみなことを設定するのです。

早朝ランニングができる人は、朝に強いからできるのではありません。ランニング自体が好きだから、あるいは身体を鍛えたりダイエットしたりするのが好きだから、朝起きられるのです。

もしゲームが好きな人なら、早起きしてゲームをすればよいのです。漫画でもよいのです。少なくとも出勤までの時間制限が強制的になされるので、夜遅くまで起きてやるよりも、ずっとよいのです。ゲームや漫画のお陰で、早起きの習慣がつくかもしれません。

私は、朝のコーヒー&読書タイムを至上の喜びにしているので、毎朝わくわくして飛び起きています。

Point 3 朝はアウトプットに専念する

私は、朝にメルマガを書いて発行するという習慣を10年近く続けています。これ自体は誰にでも真似できることではないかもしれませんが、最初は自分用のメモのようなものでもよいのです。読者がつくかどうかは置いておいて、ブログなどを書くのはいかがでしょう。SNSと違い、他に表示を強制しないので、その点気楽に書けます。

朝はアウトプット全般の活動に適しています。夜にぐっすり眠ったお陰で、頭の中の記憶が整理されており、新たな気持ちで書き出すことができます。

指導案などの提出物系も、実はその日の朝にやると、〆切効果が手伝って短時間で仕上がります。追い詰められると力を発揮できるタイプの人にはおすすめの方法です。

Point 4 朝の通勤時間を有効活用する

平日毎朝必ずやってくる通勤時間、皆さんは何をしていますか？「移動に決まっている」と答えたくなりますが、ちょっと待ってください。この時間こそ、最大の勉強チャンスなのです。

電車通勤の方は、言わずもがな読書のチャンスです。早朝がおすすめです。通勤時間に毎日本を読んでいる人と、スマホでゲームをしている人や寝ている人では、差がつくのは当然です。

車通勤の人は、もっとチャンスです。運転以外のことができないのです。だったら、ただ音楽を聴くよりも、本を耳で「読む」のはいかがでしょう？今、本を朗読してくれるアプリがたくさんあります。それで、私は通勤時間が一気に楽しくなりました。通勤こそ、勉強の最大のチャンスです。

ライフスタイル

持ち帰り仕事，休日仕事をやめたい！

奈良県広陵町立広陵東小学校
土作　彰

Point 1 単元を見通した「大きな教材研究」をやっておく

「すきま時間」を有効利用するためにも，各教科の「大きな」＝「大雑把な」教材研究をやっておきます。主発問などの指導言や準備物などをノートにざっと書き出しておく程度で構いません。追記や微調整をすきま時間に行うのに有効です。

Point 2 「すきま時間」に「同時進行」で仕事をする

授業準備はもとより，テストの採点や文書作成などを１日の時間の中から捻出するわけです。「塵も積もれば山となる」が如く，かなりの作業時間を確保できます。大切なことはその時間の存在を意識して確保していくことです。

Point 1 単元を見通した「大きな教材研究」をやっておく

できれば金曜日の放課後は、単元全体を見通し、時間をかけて教材研究を行うのがよいでしょう。全時間分でなくても構いません。主な準備物や主発問などをメモする程度でよいのです。微調整は週が明けてからやります。この教材研究があるからこそ、「すきま時間」を有効利用することができるようになるのです。

Point 2 「すきま時間」に「同時進行」で仕事をする

勤務する学校の実情にもよりますが、1日の業務の中で「すきま時間」をどれだけ意識して確保できるか、まずはしっかり捉えておく必要があります。

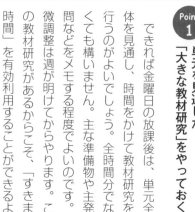

私の場合、基本的に次のように「すきま時間」を確保する予定で出勤します。時系列に隙間時間を列挙してみます。

①朝出勤してから学級の児童の「1人目」が教室に来るまで（15～20分。その日すべての授業の準備や環境づくり）
②子どもたちが次々登校してくる時間帯から職員朝の打ち合わせまで（20分。提出物や連絡帳などにある保護者からの文章チェック）
③朝の会から1時間目まで（15分。提出物が未提出の者や、生徒指導案件への指導）
④休み時間（20分。授業中の課題チェック）
⑤専科の授業などの空き時間（45分。翌日の教材研究）
⑥1日の最後の授業が終わって帰りのあいさつまで（10分。翌日の教材研究）
⑦会議や打ち合わせが始まるまで（15分。翌日の教材研究）
⑧会議中（20分。翌日の教材研究）

①③⑤について

これらの時間帯はかなり集中して時間を確保できます。毎日の授業準備や提出物のチェック、保護者への連絡などはこれらの時間に比較的丁寧に行えます。

②④⑥について

実はこの部分の時間の使い方で仕事の仕方に差がついてきます。ただし注意点があります。この部分の時間帯では、常に子どもたちが横にいます。いつ問題が起こるかわかりません。そこで、教師は教壇や自分の机の前に位置して課題やテストの評価などを行う必要があります。特に要注意は②です。保護者からの質問やクレームなどへは慎重に対応しなければなりません。その場では後回しにして③の時間にじっくり対応するとよいでしょう。

⑧について

これは賛否が分かれるところですが、ぶっちゃけ会議の「すきま」の時間にできる仕事をやってしまうことは可能です。会議の時間の中で軽重をつけましょう。例えば、文書で出された事案をその提案者が丁寧に再読するようなことがあります。そんなときは先にさっと速読してしまい、時間をつくり出すとよいでしょう。時間にして数分ではありますが、貴重な時間です。

以上のように考えると、1時間30分は確保できます。1週間で7時間30分！　この差は大きいですね！

ライフスタイル

睡眠の質を高めたい！

有限会社 Sleepeace　代表
三橋美穂

Point 1 毎朝決まった時刻に起きる

質の高い睡眠をとるために最も大切なのは，体内時計が整っていること。起床後は太陽の光を浴びて，朝食をとりましょう。

Point 2 夕方以降うたた寝しない

夕方以降にうたた寝すると，夜の睡眠が浅くなります。就寝前８時間はしっかり起きておくようにしましょう。

Point 3 体に合った寝具を使う

快適な睡眠環境を整えることも，質の高い睡眠には欠かせません。特に体を支える寝具のマットレスと枕は重要なアイテムです。

Point 4 数字を数えて思考を鎮める

なかなか眠れない原因は，次から次へと浮かんでくる思考の連鎖にあります。単調なことを考えて脳の動きを減速させましょう。

Point 1 毎朝決まった時刻に起きる

質の高い睡眠をとるために最も大切なのは、体内時計が整っていることです。体内時計は24時間より少し長い周期なので、自由に過ごしていると夜型にずれてしまう傾向があります。休日も平日と同じ時刻に起きましょう。そして太陽の光を浴びて、朝食をとることによって体内時計はリセットされます。

休日に朝寝坊すると、体内時計のリズムが乱れて、軽い時差ボケ状態になってしまいます。体がだるい、頭が重い、胃腸の調子が悪い、そして夜ぐっすり眠れなくなります。

平日の睡眠不足を補うのは、いったん起きて体内時計をリセットした後が正解。午前中に再び寝るのは、夜の睡眠に影響しないので大丈夫です。

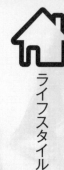

Point 2 夕方以降うたた寝しない

質の高い睡眠に必要な条件は、寝つきがよいこと。そのためには、自分が寝たい時刻に、眠気を高める必要があります。眠気は疲れに比例して強くなるので、日中は活動的に過ごし、適度に疲れていることが大切です。

逆に夕方以降にうたた寝すると、眠気が減ってしまうので、夜なかなか眠くなりません。眠くない状態で就寝しても、寝つきが悪くなるだけです。就寝前8時間はしっかり起きておくようにしましょう。

そのほか気をつけたいのは、お酒、タバコ、夜食、カフェイン、寝床スマホです。「夜のスマホは小さな太陽」と言われるほど影響が強く、睡眠の質を低下させます。スマホは寝床に持ち込まないようにしましょう。

Point 3 体に合った寝具を使う

快適な睡眠環境を整えることも、質の高い睡眠には欠かせません。特に体を支える寝具のマットレスと枕は重要なアイテムです。

リラックスして立っている姿勢を寝ているときにも保てるのが理想的。マットレスを選ぶときは、柔らかすぎてお尻が沈み込んでいないか、硬すぎて腰が浮いていないか、寝返りしやすいかチェックしましょう。一緒に使う枕の高さによって姿勢が変化するので、枕との相性も重要です。

枕は低めを選ぶことをおすすめします。一見「こんなに低いのが合うはずない」と思えるくらいが、ジャストフィットすることが多いのです。合う枕は、首がスッと伸びて呼吸が楽にできることが特長です。

Point 4 数字を数えて思考を鎮める

なかなか眠れない原因は、次から次へと浮かんでくる思考の連鎖にあります。これは脳がヒートアップしている状態。単調なことを考えて脳の動きを減速させると、自然に眠たくなってきます。

おすすめなのは、数字を100から順に1つずつ減らしながら数えていく方法。3秒に1つぐらいのテンポでゆっくり数えてみましょう。いくつ数えていたのかわからなくなったら100に戻って数え直します。

もし0まで到達したら、いったん寝床から出て軽い読書やアイロンがけなど、単調なことをしながら、眠気が来るのを待ちましょう。寝よう寝ようと気負わないことが、眠りと仲良くなる秘訣です。

ライフスタイル

インプットの質を高めたい！

クラス会議セミナー講師
深見太一

Point 1 アウトプットを前提に学ぶ

いかに人に伝えるかを念頭に置いてインプットします。その意識をもつだけで，インプットの集中力が変わります。

Point 2 主体的に話を聞く

聞いた話を自分ならどう使うかを主眼に話を聞くクセをつけることで，主体的なインプットを実現できます。

Point 3 3対7を意識する

インプットとアウトプットの黄金比率は3対7。学びの効率を考えて，吸収することが大切です。

Point 4 時間と場所にとらわれない

YouTube，音声コンテンツ，アプリ，など…　時間や場所にとらわれずいつでもどこでもインプットをする時間を設定するようにします。

Point 1 アウトプットを前提に学ぶ

これに気づいたのは、市の代表として、県の英語研修に参加したときです。3日間で学んだことを、市に持ち帰り伝達講習をすることになっていました。そのときの集中力はものすごいものがありました。つまり、学びを自分のものだけにせず、人に伝えなければと意識しながらインプットをすると、得られるものが大きいということです。自分にとって必要ないと耳を塞いでしまうことも、人になんとか伝えなければという意識をもっているだけで変わってきます。と、同時にこの話はどう伝えようとか、こんな図にしてみると、人に伝わりやすいなというイメージをノートに書きながら聞く方法も脳を活性化することができるので非常におすすめです。

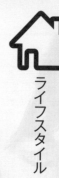

Point 2 主体的に話を聞く

インプットは、脳にどれだけ残せるか、そしてその話をどれだけ転用できるかが勝負です。つまり、いい話でした！ で終わってしまってはまるで意味がないということです。講座で聞いた話を、自分のクラスならどう生かせるか。自分の生活にどう転用するか。そこを主眼に話を聞くと、ぼんやり聞くのではなく主体的に聞けるようになります。次なる一歩を踏み出すために話を聞くのです。そして、できる限り質問を準備します。質問を準備するというのは、疑問点を明確にするということです。つまり話を整理して、再構築していかないと質問はできません。どこがわからないのか、どこに興味があるのかをはっきりさせ、質問をするようにしてみましょう。

Point 3 3対7を意識する

インプットとアウトプットの黄金比率は、3対7だそうです。これはコロンビア大学の実験により一番効率のよい比率が証明されています。自分はどのくらいの比率で学んでいるかをまず振り返ってみてください。どちらかに偏りがある方は、この比率を意識するだけで大きく学び方が変わります。私がよく出会うのはアウトプットが苦手ですという方です。人に見せたり、話したりするのが嫌だという方が圧倒的に多いです。まずは、匿名のブログなどに学んだことをまとめてみると、文章を書く練習につながります。誰でも最初の一歩は恥ずかしいものです。しかし、その一歩を踏み出さないと、上達することはありません。臆することなくアウトプットをしてみましょう。

Point 4 時間と場所にとらわれない

仕事が忙しくて本を読んだり、講座に出たりする時間がない。でも、通勤中にYouTubeを聞く時間はありませんか？ すきま時間にアプリでゲームをするのではなく、自分の知見を深めるために使ってみませんか？ スマホが1台あれば、インプットもアウトプットも縦横無尽に行うことができます。ないのは時間ではなく、自分を高めようというマインドかもしれません。たった5分でも毎日自分のために使ってみると、1年後はものすごい変化があります。そして、その自己投資に使った時間が、今度は自分の時間を生み出すことにつながります。仕事ができる人が、どんどん早く帰るのには実はそこに秘密が隠れています。まずは5分自己投資時間をとってみましょう。

心と体を上手に
リフレッシュしたい！

ライフスタイル

ヒミツキチ森学園
青山雄太

Point 1 心と体の両面からアプローチする

完全な休息は気がひける先生も多いはず。この記事では，３つの状態に合わせて，心と体の両面からのリフレッシュ方法を提案します。

Point 2 脳番地の違う組み合わせを試す

同じ脳番地の組み合わせで仕事をしていくと疲れてしまいます。仕事自体を細切れにして，思考と作業を分けることが大事です。

Point 3 「リトリート」運動×休息を試す

何となく疲れてきた場合には，リトリートして距離を取ることが大事です。さらには運動×休息にはヨガなどのマインドフルネスをおすすめします。

Point 4 自分の体が喜ぶことを知る

疲労困憊の状態には，心へのアプローチは効きません。自分の体が喜ぶ一番のことをしてあげましょう。

Point 1 心と体の両面からアプローチする

ゆっくりしたい、リフレッシュしたい！　休息の重要性は誰もがわかっていること。でも、「仕事も溜まっていて完全な休息は気がひける」という先生、実は多いのではないでしょうか。

そこで心と体の両面からアプローチして効果を実感できるリフレッシュ方法をご紹介します。ご自身の今の状態をよく観察して、効果的なものを選んでみてください。状態については、

・今はめっちゃ仕事しないと状態
・なんとなく疲れてきたなぁ状態
・助けて⁉　疲労困憊すぎ状態

の3つに分けて、それぞれのポイントを示します。心と体の両面からアプローチし、ぜひその効果を実感しながら、試行錯誤していってもらえたらと思います。

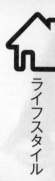

Point 2 脳番地の違う組み合わせを試す

そもそも「忙しくて休息どころじゃない」が本音の方もいるでしょう。『一生頭がよくなり続ける すごい脳の使い方』(加藤俊徳著)では、何を考えるかによって脳の使われ方と場所(脳番地)が異なってくることに触れています。同じ脳番地を使い続けると、脳は著しく疲れてしまうのです。

休息する時間がないあなたも、「違う脳番地の組み合わせ」で仕事をするのは試せるはずです。同じ課題に取り組むのではなく、細切れの時間単位で仕事内容を変えます。座ってじっくり考える「思考」の後には、印刷機でのコピーなど体を動かす「作業」を入れます。仕事では視覚系脳番地をよく使うので、根詰めた後には、5分間目を閉じ何もしないことも有効です。

Point 3 「リトリート」運動×休息を試す

次に「なんとなく疲れてきたなぁ状態」の場合です。この場合は心にアプローチするのか、体にアプローチするのかをはっきりさせることです。

心へのアプローチは距離を取ること。スマホなどのデジタル機器を自分から遠ざけること、また仕事場から離れ自宅と仕事場以外のサードプレイスを持つことなどがあげられます。

体へのアプローチは、ボクの場合、ヨガです。ヨガは、動くことと休息を一緒に行える唯一の運動とも言われています。趣味が講じてインストラクターの資格も取りました。呼吸をして身体がすっきりすると、心もそれに合わせてすっきりします。ご自身にあった体へのアプローチは何でしょうか。色々試しながら見つけてみてください。

Point 4 自分の体が喜ぶことを知る

最後は「助けて⁉ 疲労困憊過ぎ」状態です。そんなときは心へのアプローチは難しいです。迷わず、自分の体が喜ぶことで休んでください。

ボクの場合は、温泉×サウナです。家から歩いて5分のスーパー銭湯に行き、じっくりサウナ×水風呂を繰り返します。初任のときに、隔週の金曜日に、親友とサウナ通いをしていました。この親友とのサウナタイムがなければ、冗談でなく、倒れていたと思います。隔週で金曜日はどんなに仕事が残っていようが、「ととのい」に行く、それがボクの休み方です。

ご自身の体が何で喜ぶかは、自分が一番わかっているはず…。いくつか試してみて、疲労困憊時の避難口をつくっておくことをおすすめします。

【編者紹介】
『授業力＆学級経営力』編集部
（じゅぎょうりょく＆がっきゅうけいえいりょくへんしゅうぶ）

【執筆者一覧】
菅原　洋平（ユークロニア株式会社）
飯野　謙次（東京大学環境安全研究センター）
山田　尚大（ミルクデザイン株式会社）
土居　正博（神奈川県川崎市立はるひ野小学校）
盛山　隆雄（筑波大学附属小学校）
森岡　健太（京都市立桂坂小学校）
胡子美由紀（広島市立古田中学校）
望岡　慶（学習ブロガー）
こう（小学校教員）
中嶋　郁雄（奈良市立六条小学校）
楠木　宏（三重大学・皇學館大学）
樋口　綾香（大阪府公立小学校）
瀧澤　真（千葉県袖ケ浦市立蔵波小学校）
橋本　優（ICT 教育ブログ「Apple technica」運営）
前多　昌顕（青森県つがる市立森田小学校）
古舘　良純（岩手県花巻市立若葉小学校）
丸山　瞬（愛知県名古屋市立明倫小学校）
玉置　崇（岐阜聖徳学園大学）
土作　彰（奈良県広陵町立広陵東小学校）
深見　太一（クラス会議セミナー講師）
飯田　剛弘（ビジネスファイターズ合同会社）
佐藤　恵子（一般社団法人アンガーマネジメントジャパン）
木村　彰宏（学校法人軽井沢風越学園）
沼田　拓弥（東京都八王子市立第三小学校）
横田　富信（東京都世田谷区立代沢小学校）
川端　裕介（北海道函館市立亀田中学校）
髙橋　朋彦（千葉県公立小学校）
末永　琢也（兵庫県三木市立広野小学校）
森竹　高裕（静岡教育サークル「シリウス」）
藤木美智代（千葉県船橋市立大穴小学校）
庄子　寛之（東京都調布市立多摩川小学校）
大前　暁政（京都文教大学）
エイ（小学校教員）
鈴木　賢一（愛知県弥富市立十四山東部小学校）
堀内　成美（シンガポール日本人学校　クレメンティ校）
魚住　惇（愛知県立杏和高等学校）
山本　純人（埼玉県立特別支援学校坂戸ろう学園）
松尾　英明（千葉県袖ケ浦市立蔵波小学校）
三橋　美穂（有限会社 Sleepeace）
青山　雄太（ヒミツキチ森学園）

『授業力＆学級経営力』selection
あなたの「したい！」を叶える　教師の仕事術事典

2023年7月初版第1刷刊　©編　者『授業力＆学級経営力』編集部
発行者　藤　原　光　政
発行所　明治図書出版株式会社
http://www.meijitosho.co.jp
（企画）矢口郁雄（校正）大内奈々子
〒114-0023　東京都北区滝野川7-46-1
振替00160-5-151318　電話03（5907）6701
ご注文窓口　電話03（5907）6668
＊検印省略　組版所　長野印刷商工株式会社

Printed in Japan　ISBN978-4-18-311226-2

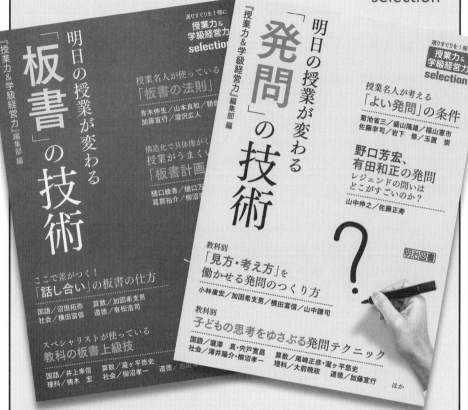